# MIS RECETAS ITALIANAS 2022

LAS MEJORES RECETAS CASERAS MAS POPULARES

PARA PRINCIPIANTES

LORENA PELLA

# TABLA DE CONTENIDO

Introducción .................................................................................................. 8

Fideos de pan en caldo ................................................................................ 11

Bolas de masa de pan tirolesas .................................................................. 13

Sopa de judías verdes y salchicha ............................................................. 16

Sopa de escarolas y albóndigas ................................................................. 19

Sopa "casada" .............................................................................................. 21

Sopa de pescado toscano ............................................................................ 24

Sopa de pescado con trozos ....................................................................... 27

Sopa de mariscos, pasta y frijoles ............................................................. 29

Mejillones y Almejas en Caldo de Tomate .............................................. 33

Salsa marinara ............................................................................................. 35

Salsa de tomates frescos ............................................................................. 37

Salsa de Tomate, Estilo Siciliano ............................................................... 39

Salsa de tomate, estilo toscano .................................................................. 41

Salsa Pizzaiola ............................................................................................. 44

Salsa de carne "falsa" ................................................................................. 46

Salsa rosa ..................................................................................................... 49

Salsa de Tomate con Cebolla ..................................................................... 51

Salsa de tomate asado ................................................................................ 53

Ragú estilo Abruzzo ................................................................................... 55

Ragú napolitano .......................................................................................... 58

Ragú de salchicha ...................................................................................... 62

Ragú al estilo de las marchas ................................................................... 64

Salsa de carne toscana .............................................................................. 67

Ragú a la Bolonia ....................................................................................... 71

Ragú de pato .............................................................................................. 74

Ragú de conejo o pollo ............................................................................. 77

Ragú de Porcini y Carne ........................................................................... 80

Ragú de cerdo con hierbas frescas ......................................................... 83

Ragú de Carne Trufada ............................................................................. 86

Salsa de Mantequilla y Salvia .................................................................. 90

Aceite santo ................................................................................................ 91

Salsa de Queso Fontina ............................................................................. 92

Salsa bechamel ........................................................................................... 93

Salsa de Ajo ................................................................................................ 95

Salsa verde .................................................................................................. 97

Salsa Siciliana de Ajo y Alcaparras ......................................................... 99

Salsa de perejil y huevo .......................................................................... 101

Salsa de pimiento rojo y tomate ............................................................ 104

Salsa de aceitunas .................................................................................... 106

Salsa de Tomate Secada al Sol ............................................................... 107

Salsa de pimienta estilo molise .............................................................. 108

Mayonesa de aceite de oliva .................................................................................. 110

Fettuccine con Verduras de Primavera ................................................................. 114

Fettuccine con Crema de Gorgonzola ................................................................... 116

Tagliarini con Pesto, Estilo Génova ....................................................................... 118

Fettuccine con Alcachofas ..................................................................................... 120

Fettuccine con Filetes de Tomate .......................................................................... 123

Fettuccine con mil hierbas ..................................................................................... 125

Fettuccine con Salchicha y Nata ............................................................................ 128

Pasta Verde y Blanca con Salchicha y Nata .......................................................... 130

Fettuccine con Puerros y Fontina .......................................................................... 132

Fettuccine con Champiñones y Prosciutto ............................................................ 135

Tagliatelle de verano .............................................................................................. 137

Fettuccine con salsa de setas y anchoas ............................................................... 139

Fettuccine con vieiras ............................................................................................. 141

Tagliarini con Camarones y Caviar ........................................................................ 143

Pasta crujiente con garbanzos, estilo Puglia ........................................................ 145

Tagliarini con ragú de chocolate abruzzese ......................................................... 148

Lasaña a la Bolonia ................................................................................................. 151

Lasaña napolitana .................................................................................................. 154

Lasaña de Espinacas y Champiñones ................................................................... 157

Lasaña verde .......................................................................................................... 160

Lasaña Verde con Ricotta, Albahaca y Salsa de Tomate ..................................... 163

Lasaña de berenjena ............................................................................................................. 166

Canelones de Ricotta y Jamón .......................................................................................... 170

Canelones de Ternera y Espinacas ................................................................................... 174

Canelones verdes y blancos ............................................................................................... 178

Canelones con Estragón y Pecorino ................................................................................. 181

Ravioles de Queso con Salsa de Tomate Fresco ............................................................ 184

Ravioles de queso y espinacas al estilo de Parma ......................................................... 188

Ravioles de calabaza de invierno con mantequilla y almendras ................................. 191

Ravioles de Carne con Salsa de Tomate .......................................................................... 194

Ravioles de salchicha toscana ............................................................................................ 198

Ravioles especiados, estilo marchas ................................................................................. 200

Ravioles de Champiñones en Mantequilla y Salvia ....................................................... 202

Ravioles Gigantes con Mantequilla de Trufa .................................................................. 204

Ravioles de remolacha con semillas de amapola ........................................................... 207

Aros de pasta rellenos de carne en salsa de crema ........................................................ 209

Tortelli de Patata con Ragú de Salchicha ......................................................................... 213

Ñoquis de papa ..................................................................................................................... 216

## *Introducción*

La comida italiana es algo más que pizza y espaguetis. Hay una gran variedad de ingredientes, sabores y platos con los que puede experimentar en su propia casa.Cuando piensa en la cocina italiana, es posible que se imagine algo más parecido a lo que es en realidad la cocina italoamericana, que se aleja mucho de la auténtica comida italiana. Desde que generaciones de inmigrantes italianos trajeron a América las recetas de sus familias desde sus pueblos natales a lo largo de los años, las generaciones posteriores han adaptado y alterado estos platos debido a la falta de disponibilidad de determinados productos, a la influencia de la cocina estadounidense y a las preferencias de sus familias. Su pizza favorita del viernes por la noche puede no parecerse en nada a lo que algunos italianos nativos consideran su plato estrella.

Recopilar una colección completa de recetas que representen la comida de Italia es una tarea imposible. Debido al número de regiones de Italia, así como a las influencias de otras culturas y a la variedad de platos que pueden prepararse al estilo italiano, se necesitaría toda una cocina para preparar todos los platos italianos que existen!

¿Por dónde empezar?

Desde la sustanciosa y reconfortante Sopa de Pasta y Alubias hasta el clásico Pollo a la Parmesana o las crujientes y dulces Galletas de Anís, descubrirá que estos deliciosos y fáciles de preparar se convertirán pronto en algunos de los platos más solicitados por su familia.

La cocina italiana se basa en gran medida en la tradición familiar y se caracteriza por sus ingredientes frescos y su sencilla preparación. Aunque algunas de estas recetas ya están alteradas respecto a su estado original, no dude en personalizarlas aún más según sus propios gustos y los de su familia. Puede añadir y quitar ingredientes para que los alimentos sean más cremosos, más dulces, más coloridos o más nutritivos. Ninguna receta es sagrada, y la cocina italiana se basa en la experimentación y la unión.

¿A qué esperas?

Disfruta de estas auténticas recetas.

# Fideos de pan en caldo

## Passatelli en Brodo

**Rinde 6 porciones**

passatelli *son tiras de masa parecidas a fideos hechas con pan rallado seco y queso rallado unido con huevos batidos. La masa se pasa a través de un dispositivo similar a un exprimidor de papas o un molinillo de alimentos directamente en el caldo hirviendo. Algunos cocineros agregan un poco de ralladura de limón recién rallada a la masa. Passatelli en caldo fue en un momento un plato tradicional de los domingos en Emilia-Romagna, seguido de un asado.*

8 tazas caseras <u>Caldo de carne</u> o <u>Caldo de pollo</u> o una mezcla de mitad de caldo comprado en la tienda y mitad de agua

3 huevos grandes

1 taza de Parmigiano-Reggiano recién rallado, y más para servir

2 cucharadas de perejil fresco de hoja plana, muy finamente picado

¼ de cucharadita de nuez moscada rallada

Aproximadamente ¾ de taza de pan rallado seco

**1.** Prepara el caldo, si es necesario. Luego, en un tazón grande, bata los huevos hasta que se mezclen. Agregue el queso, el perejil y la nuez moscada hasta que quede suave. Agregue suficientes migas de pan para formar una pasta suave y espesa.

**2.** Si no está recién hecho, lleve el caldo a fuego lento en una olla grande. Pruebe el caldo y ajuste el condimento, si es necesario.

**3.** Coloque un molinillo de alimentos equipado con una cuchilla de orificio grande, un exprimidor de papas o un colador con orificios grandes sobre la olla. Empuje la mezcla de queso a través del molino de alimentos o colador en el caldo hirviendo. Cocine a fuego lento durante 2 minutos. Retirar del fuego y dejar reposar 2 minutos antes de servir. Sirva caliente con queso adicional.

# Bolas de masa de pan tirolesas

## Canederli

**Rinde 4 porciones**

*Los cocineros del norte de Italia, cerca de la frontera con Austria, preparan albóndigas de pan que son completamente diferentes de las albóndigas de passatelli hechas en Emilia Romagna. Similar al knödel austriaco, los canederli se hacen con pan integral o de centeno, aromatizado con salame (una salchicha seca hecha de carne de cerdo molida gruesa) o mortadela (una delicada salchicha hecha de carne de cerdo muy finamente molida con sabor a nuez moscada y a menudo pistachos enteros). Se cuecen a fuego lento en un líquido, luego se sirven en el caldo, aunque también son buenos con salsa de tomate o salsa de mantequilla.*

8 tazas caseras Caldo de carne o Caldo de pollo o una mezcla de mitad de caldo comprado en la tienda y mitad de agua

4 tazas de pan de centeno sin semillas o pan integral de un día

1 taza de leche

2 cucharadas de mantequilla sin sal

1/2 taza de cebolla picada

3 onzas de salame, mortadela o jamón ahumado, finamente picado

2 huevos grandes, batidos

2 cucharadas de cebollino fresco picado o perejil fresco de hoja plana

Sal y pimienta negra recién molida

Aproximadamente 1 taza de harina para todo uso

½ taza de Parmigiano-Reggiano recién rallado

1. Prepara el caldo, si es necesario. Luego, en un tazón grande, remoje el pan en la leche durante 30 minutos, revolviendo ocasionalmente. El pan debe comenzar a desmoronarse.

2. En una sartén pequeña, derrita la mantequilla a fuego medio. Agregue la cebolla y cocine, revolviendo con frecuencia, hasta que esté dorada, aproximadamente 10 minutos.

3. Raspe el contenido de la sartén sobre el pan. Agrega la carne, los huevos, el cebollino o el perejil y sal y pimienta al gusto. Agregue suficiente harina, poco a poco, para que la mezcla mantenga su forma. Deje reposar 10 minutos.

4. Humedece tus manos con agua fría. Recoge aproximadamente 1/4 de taza de la mezcla y dale forma de bola. Enrolla la bola en

harina. Coloca la bola de masa en un trozo de papel encerado. Repite con la mezcla restante.

5. Traiga una olla grande con agua a hervir. Reduzca el fuego para que el agua esté hirviendo a fuego lento. Coloque con cuidado la mitad de las albóndigas, o solo lo suficiente para que la olla no se llene. Cocine de 10 a 15 minutos o hasta que las albóndigas estén bien cocidas. Con una espumadera, transfiera las albóndigas a un plato. Cocine las albóndigas restantes de la misma manera.

6. Cuando esté listo para servir la sopa, caliente el caldo a fuego lento. Agregue las albóndigas y cocine a fuego lento durante 5 minutos o hasta que estén bien calientes. Sirve las albóndigas en el caldo con el queso rallado.

# Sopa de judías verdes y salchicha

## Zuppa di Fagiolini

**Rinde 4 porciones**

*Un verano, cuando era pequeña, visité a una tía abuela que tenía una maravillosa casa victoriana en la costa de Long Island en Nueva York. Todos los días cocinaba elaborados almuerzos y cenas para su esposo, quien parecía esperar nada menos que tres platos. Esta era una de las sopas que prepararía.*

*Utilizo arroz de grano medio para esta sopa, del tipo que uso para el risotto, porque eso es lo que suelo comer en casa, pero el arroz de grano largo también funcionaría.*

2 cucharadas de aceite de oliva

1 cebolla mediana picada

1 pimiento morrón rojo o amarillo, picado

3 salchichas de cerdo a la italiana

2 tomates grandes, pelados, sin semillas y picados, o 1 taza de tomates enlatados, picados

8 onzas de ejotes, recortados y cortados en trozos pequeños

Pizca de pimiento rojo triturado

Sal

3 tazas de agua

1/4 taza de arroz de grano medio, como Arborio

1. Vierta el aceite en una olla mediana. Agregue la cebolla, el pimiento y las salchichas y cocine, revolviendo ocasionalmente, hasta que las verduras estén tiernas y las salchichas ligeramente doradas, aproximadamente 10 minutos.

2. Agrega los tomates, las judías verdes, el pimiento rojo triturado y la sal al gusto. Agregue 3 tazas de agua fría y cocine a fuego lento. Baja el fuego y cocina 15 minutos.

3. Transfiera las salchichas a un plato. Cortar las salchichas en rodajas finas y devolverlas a la olla.

4. Agregue el arroz y cocine hasta que el arroz esté tierno, de 15 a 20 minutos más. Servir caliente.

# Sopa de escarolas y albóndigas

## Zuppa di Scarola e Polpettini

**Rinde de 6 a 8 porciones**

*Esta era mi sopa favorita cuando era pequeña, aunque solo la comíamos en días festivos y ocasiones especiales. Todavía no puedo resistirme y lo hago a menudo.*

4 cuartos de galón casero Caldo de pollo o una mezcla de mitad de caldo comprado en la tienda y mitad de agua

1 cabeza mediana de escarola (alrededor de 1 libra)

3 zanahorias grandes, picadas

## albóndigas

1 libra de ternera o ternera molida

2 huevos grandes, batidos

1/2 taza de cebolla muy finamente picada

1 taza de pan rallado

1 taza de Pecorino Romano recién rallado, y más para servir

1 cucharadita de sal

Pimienta negra recién molida, al gusto

1. Prepara el caldo, si es necesario. Luego, recorta la escarola y desecha las hojas magulladas. Corta los extremos del tallo. Separe las hojas y lávelas bien con agua fría, especialmente en el centro de las hojas donde se acumula la tierra. Apila las hojas y córtalas transversalmente en tiras de 1 pulgada.

2. En una olla grande, combine el caldo, la escarola y las zanahorias. Deje hervir a fuego lento y cocine 30 minutos.

3. Mientras tanto, prepare las albóndigas: mezcle todos los ingredientes de las albóndigas en un tazón grande. Con las manos (o un dispensador de cucharadas pequeñas), forme con la mezcla bolas diminutas, del tamaño de uvas pequeñas, y colóquelas en un plato o bandeja.

4. Cuando las verduras estén listas, coloque suavemente las albóndigas una a la vez en la sopa. Cocine a fuego lento, hasta que las albóndigas estén bien cocidas, unos 20 minutos. Pruebe y ajuste la sazón. Sirva caliente, espolvoreado con Pecorino Romano rallado.

# Sopa "casada"

## Minestra Maritata

**Rinde de 10 a 12 porciones**

*Mucha gente asume que esta sopa napolitana obtuvo su nombre al ser servida en banquetes de bodas, pero de hecho "casado" se refiere a la boda de los sabores de las carnes y verduras variadas que son los ingredientes principales. Es una receta muy antigua, en un momento un plato que la gente comía a diario, agregando los restos de carne y verduras que pudieran encontrar. Hoy en día se considera algo anticuado, aunque no puedo imaginar una comida más satisfactoria en un día frío.*

*Se pueden usar acelgas, achicoria, col rizada o repollo en lugar de las verduras a continuación. Pruebe Génova u otro salami al estilo italiano en lugar de la soppressata, o un hueso de jamón para el prosciutto. Para obtener el mejor sabor, prepare la sopa un día antes de servirla.*

1 libra de costillas de cerdo con carne (costillas de cerdo al estilo rústico)

1 hueso de prosciutto (opcional)

2 zanahorias medianas, cortadas

2 costillas de apio con hojas

1 cebolla mediana

1 libra de salchicha de cerdo a la italiana

1 rebanada gruesa de prosciutto italiano importado (aproximadamente 4 onzas)

1 trozo de 4 onzas de soppressata

Pizca de pimiento rojo triturado

1 1/2 libras (1 cabeza pequeña) de escarola, recortada

1 libra (1 manojo mediano) de brócoli rabe, recortado

1 libra (aproximadamente la mitad de una cabeza pequeña) de col rizada, cortada en tiras

8 onzas de brócoli, cortado en floretes (aproximadamente 2 tazas)

Parmigiano-Reggiano recién rallado

1. En una olla grande, hierva 5 litros de agua. Agregue las costillas de cerdo, el hueso de prosciutto si lo usa, las zanahorias, el apio y la cebolla. Baje el fuego a fuego lento y cocine 30 minutos a fuego medio.

2. Quite la espuma que sube a la superficie. Agregue la salchicha, el prosciutto, la soppressata y el pimiento rojo triturado. Cocine hasta que las costillas de cerdo estén tiernas, aproximadamente 2 horas.

3. Mientras tanto, lave y corte todas las verduras. Traiga una olla grande con agua a hervir. Agrega la mitad de las verduras. Deje hervir a fuego lento y cocine 10 minutos. Con una espumadera, transfiera las verduras a un colador colocado sobre un tazón grande. Cocine las verduras restantes de la misma manera. Escurrir bien y dejar enfriar. Cuando esté frío, corte las verduras en trozos pequeños.

4. Después de 2 horas de cocción, retire las carnes y las salchichas del caldo. Deseche los huesos y corte las carnes y las salchichas en trozos pequeños.

5. Deja que el caldo se enfríe un poco. Quita la grasa del caldo. Cuele el caldo a través de un colador de malla fina en una olla grande y limpia. Regrese las carnes al caldo. Agrega las verduras. Vuelva a hervir a fuego lento y cocine 30 minutos.

6. Sirva caliente, espolvoreado con Parmigiano-Reggiano rallado.

# Sopa de pescado toscano

## Cacciucco

**Rinde 6 porciones**

*Cuantas más variedades de pescado agregue a la olla para esta especialidad toscana, mejor sabrá la sopa.*

1 1/4 taza de aceite de oliva

1 cebolla mediana

1 costilla de apio picada

1 zanahoria picada

1 diente de ajo picado

2 cucharadas de perejil fresco picado

Pizca de pimiento rojo triturado

1 hoja de laurel

1 langosta viva (de 1 a 2 libras)

2 pescados enteros (alrededor de 1 1/2 libras cada uno) como porgy, lubina despojada, pargo rojo o lubina, limpios y cortados en trozos (quitar y reservar las cabezas)

1 1/2 taza de vino blanco seco

1 libra de tomates, pelados, sin semillas y picados

1 libra de calamares (calamares), limpios y cortados en aros de 1 pulgada

Rebanadas de pan italiano tostado

1. Vierta el aceite en una olla grande. Agrega la cebolla, el apio, la zanahoria, el ajo, el perejil, el pimiento y la hoja de laurel. Cocine a fuego medio, revolviendo con frecuencia, hasta que las verduras estén tiernas y doradas, aproximadamente 10 minutos.

2. Coloque la langosta en una tabla de cortar con la cavidad hacia arriba. No quite las bandas que mantienen las garras cerradas. Protéjase la mano con una toalla pesada o una agarradera y sostenga la langosta por encima de la cola. Sumerja la punta de un cuchillo de chef pesado en el cuerpo donde la cola se une al pecho. Use tijeras para aves para quitar la fina cáscara que cubre la carne de la cola. Retire la vena oscura de la cola, pero deje el tomalley verde y el coral rojo, si lo hay. Deja la cola a un lado. Corte el cuerpo de la langosta y las garras en las articulaciones

en trozos de 1 a 2 pulgadas. Golpea las garras con el lado romo del cuchillo para romperlas.

3. Agregue la cavidad del pecho de la langosta y las cabezas de pescado reservadas y los recortes a la olla. Cocine 10 minutos. Agregue el vino y cocine a fuego lento durante 2 minutos. Agrega los tomates y 4 tazas de agua. Deje hervir a fuego lento y cocine 30 minutos.

4. Con una espumadera, retire la cavidad de la langosta y las cabezas de pescado y la hoja de laurel de la olla y deséchelas. Pase los ingredientes restantes a través de un molinillo de alimentos a un tazón grande.

5. Enjuague la olla y vierta la sopa. Lleva el líquido a fuego lento. Agregue los mariscos que necesitan una cocción más larga, como los calamares. Cocine hasta que esté casi tierno, unos 20 minutos. Agregue la cola de langosta, las garras y los trozos de pescado. Cocine hasta que la langosta y el pescado estén opacos por dentro, unos 10 minutos más.

6. Coloque rebanadas de pan tostado en cada tazón de sopa. Sirva la sopa sobre el pan con un cucharón y sírvala caliente.

# Sopa de pescado con trozos

## Ciuppin

**Rinde 6 porciones**

*Puede utilizar un tipo de pescado o varias variedades para esta sopa. Para un sabor más a ajo, frote las rebanadas de pan tostado con un diente de ajo crudo antes de agregar la sopa a los tazones. Los marineros de Génova introdujeron esta clásica sopa en San Francisco, donde se instalaron muchos de ellos. Los san franciscanos llaman a su versión cioppino.*

2 1/2 libras de filetes de pescado de carne blanca, firmes y surtidos, como fletán, lubina o mahi mahi

1/4 taza de aceite de oliva

1 zanahoria mediana, finamente picada

1 costilla de apio tierna, finamente picada

1 cebolla mediana picada

2 dientes de ajo finamente picados

1 taza de vino blanco seco

1 taza de tomates frescos pelados, sin semillas y picados o tomates enlatados

Sal y pimienta negra recién molida

2 cucharadas de perejil fresco picado

6 rebanadas de pan italiano o francés tostado

1. Enjuague los trozos de pescado y séquelos. Corta el pescado en trozos de 2 pulgadas, desechando las espinas.

2. Vierta el aceite en una olla grande. Agrega la zanahoria, el apio, la cebolla y el ajo. Cocine, revolviendo con frecuencia, a fuego medio hasta que estén tiernos y dorados, aproximadamente 10 minutos. Agrega el pescado y cocina, revolviendo los trozos de vez en cuando, 10 minutos más.

3. Vierta el vino y cocine a fuego lento. Agrega los tomates, la sal y la pimienta al gusto. Agregue agua fría para cubrir. Deje hervir a fuego lento y cocine 20 minutos.

4. Agrega el perejil. Coloque una rebanada de pan tostado en cada tazón de sopa. Sirva la sopa sobre el pan con un cucharón y sírvala caliente.

# Sopa de mariscos, pasta y frijoles

## Pasta e Fagioli ai Frutti di Mare

**Rinde de 4 a 6 porciones**

*Las sopas que combinan pasta y frijoles con mariscos son populares en todo el sur de Italia. Esta es mi versión de una que probé en Alberto Ciarla, un famoso restaurante de mariscos en Roma.*

1 libra de mejillones pequeños

1 libra de almejas pequeñas

2 cucharadas de aceite de oliva

2 onzas de panceta finamente picada

1 cebolla mediana, finamente picada

2 dientes de ajo finamente picados

3 tazas de frijoles cannellini cocidos, secos o enlatados, escurridos

1 taza de tomates picados

1/2 libra de calamares (calamar), cortados en aros de 1 pulgada

Sal y pimienta negra recién molida

8 onzas de espaguetis, partidos en trozos de 1 pulgada

2 cucharadas de perejil fresco picado

Aceite de oliva virgen extra

1. Coloca los mejillones en agua fría para cubrir durante 30 minutos. Frótelos con un cepillo duro y raspe los percebes o las algas. Quítese las barbas tirando de ellas hacia el extremo estrecho de las conchas. Deseche los mejillones que tengan la cáscara agrietada o que no cierren herméticamente al golpearlos. Coloque los mejillones en una olla grande con 1/2 taza de agua fría. Cubra la olla y deje hervir a fuego lento. Cocine hasta que los mejillones se abran, unos 5 minutos. Con una espumadera, transfiera los mejillones a un bol.

2. Coloque las almejas en la olla y cubra la sartén. Cocine hasta que las almejas se abran, unos 5 minutos. Saca las almejas de la olla. Cuela el líquido de la olla a través de un filtro de café de papel en un bol y reserva.

3. Con los dedos, retire las almejas y los mejillones de las conchas y colóquelos en un bol.

**4.** Vierta el aceite en una olla grande. Agrega la panceta, la cebolla y el ajo. Cocine, revolviendo con frecuencia, a fuego medio, hasta que estén tiernos y dorados, aproximadamente 10 minutos.

**5.** Agrega los frijoles, los tomates y los calamares. Agregue los jugos reservados de los mariscos. Deje hervir a fuego lento y cocine 20 minutos.

**6.** Agregue los mariscos y cocine hasta que estén bien cocidos, aproximadamente 5 minutos.

**7.** Mientras tanto, hierva una olla grande de agua. Agrega la pasta y la sal al gusto. Cocine hasta que esté tierno. Escurre la pasta y agrégala a la sopa. Agregue un poco del líquido de la pasta si la sopa parece demasiado espesa.

**8.** Agrega el perejil. Sirva caliente, rociado con aceite de oliva extra virgen.

# Mejillones y Almejas en Caldo de Tomate

## Zuppa di Cozze

**Rinde 4 porciones**

*Puede hacer esto con todos los mejillones o todas las almejas, si lo desea.*

2 libras de mejillones

1/2 taza de aceite de oliva

4 dientes de ajo, finamente picados

2 cucharadas de perejil fresco picado

Una pizca de pimiento rojo triturado.

1 taza de vino blanco seco

3 libras de tomates maduros, pelados, sin semillas y picados o 2 latas (de 28 a 35 onzas) de tomates pelados italianos importados, picados

Sal

2 libras de almejas pequeñas

8 rebanadas de pan italiano o francés tostado

1 diente de ajo entero

1. Coloca los mejillones en agua fría para cubrir durante 30 minutos. Frótelos con un cepillo duro y raspe los percebes o las algas. Quítese las barbas tirando de ellas hacia el extremo estrecho de las conchas. Deseche los mejillones que tengan la cáscara agrietada o que no cierren herméticamente al golpearlos.

2. En una cacerola grande, calienta el aceite a fuego medio. Agregue el ajo picado, el perejil y el pimiento rojo triturado y cocine a fuego lento hasta que el ajo esté dorado, aproximadamente 2 minutos. Agregue el vino y cocine a fuego lento. Agrega los tomates y una pizca de sal. Cocine a fuego medio, revolviendo ocasionalmente, hasta que espese un poco, aproximadamente 20 minutos.

3. Incorpora suavemente los mejillones y las almejas. Tapar la olla. Cocine de 5 a 10 minutos, hasta que los mejillones y las almejas se abran. Deseche los que no se abran.

4. Frote la tostada con el diente de ajo cortado. Coloque un trozo de pan en cada plato hondo. Cubra con los mejillones y las almejas y su líquido. Servir caliente.

para usar con otros alimentos.

# Salsa marinara

## Salsa marinara

**Rinde 2 1/2 tazas**

*El ajo le da a esta salsa de cocción rápida al estilo del sur de Italia su sabor característico. Los napolitanos trituran ligeramente los dientes con el costado de un cuchillo grande. Esto facilita la eliminación de la piel y abre los dientes para liberar su sabor. Retire los dientes de ajo enteros antes de servir.*

*Agrego la albahaca al final del tiempo de cocción para obtener el sabor más fresco. La albahaca seca es un mal sustituto de la fresca, pero puede sustituirla por perejil o menta fresca. Esta salsa es ideal para espaguetis u otras pastas secas.*

1/4 taza de aceite de oliva

2 dientes de ajo grandes, triturados

Pizca de pimiento rojo triturado

3 libras de tomates pera frescos, pelados, sin semillas y picados, o 1 lata (28 onzas) de tomates pelados italianos importados con su jugo, pasados por un molino de alimentos

Sal al gusto

4 hojas frescas de albahaca, cortadas en trozos

1. Vierta el aceite en una cacerola mediana. Agrega el ajo y el pimiento rojo. Cocine a fuego medio, dando vuelta el ajo una o dos veces hasta que esté dorado, unos 5 minutos. Retire el ajo de la sartén.

2. Agrega los tomates y la sal al gusto. Cocine durante 20 minutos, revolviendo ocasionalmente, o hasta que la salsa se espese.

3. Apague el fuego y agregue la albahaca. Servir caliente. Puede prepararse con anticipación y almacenarse en un recipiente herméticamente cerrado en el refrigerador hasta 5 días o en el congelador hasta 2 meses.

# Salsa de tomates frescos

## Salsa Leggero

**Rinde 3 tazas**

*Esta salsa es inusual porque no comienza con la cebolla o el ajo habituales cocidos en aceite de oliva o mantequilla. En cambio, los aromáticos se cuecen a fuego lento junto con los tomates para que la salsa tenga un delicado sabor vegetal. Sírvelo con cualquiera de las pastas frescas o como salsa para una frittata u otra tortilla.*

4 libras de tomates ciruela maduros, pelados, sin semillas y picados

1 zanahoria mediana, picada

1 cebolla mediana picada

1 costilla de apio pequeña, picada

Sal al gusto

6 hojas frescas de albahaca, cortadas en trozos pequeños

1/4 taza de aceite de oliva extra virgen

1. En una cacerola grande y pesada, combine los tomates, la zanahoria, la cebolla, el apio, una pizca de sal y la albahaca. Tape

la olla y cocine a fuego medio hasta que la mezcla hierva a fuego lento. Destape y cocine, revolviendo ocasionalmente, 20 minutos o hasta que la salsa espese.

**2.** Deje enfriar un poco. Pasar la salsa por un molinillo de alimentos o hacer puré en un procesador de alimentos o licuadora. Vuelva a calentar suavemente y pruebe el condimento. Agrega el aceite. Servir caliente. Puede prepararse con anticipación y almacenarse en un recipiente herméticamente cerrado en el refrigerador hasta 5 días o en el congelador hasta 2 meses.

# Salsa de Tomate, Estilo Siciliano

## Salsa di Pomodoro alla Siciliana

**Rinde aproximadamente 3 tazas**

*Vi a Anna Tasca Lanza, que tiene una escuela de cocina en la finca vinícola Regaleali de su familia en Sicilia, hacer salsa de tomate de esta manera. Todo va a la olla, luego cuando ha hervido lo suficiente, la salsa se hace puré en un molinillo de alimentos para eliminar las semillas de tomate. La mantequilla y el aceite de oliva, añadidos al final del tiempo de cocción, enriquecen y endulzan la salsa. Sírvelo con ñoquis de patata o fettuccine fresco.*

3 libras de tomates maduros

1 cebolla mediana, finamente rebanada

1 diente de ajo finamente picado

2 cucharadas de albahaca fresca picada

Pizca de pimiento rojo triturado

1/4 taza de aceite de oliva

1 cucharada de mantequilla sin sal

**1.** Si usa un molinillo de alimentos para hacer puré los tomates, córtelos en cuartos a lo largo y vaya al paso 2. Si usa un procesador de alimentos o una licuadora, primero pele los tomates: Ponga a hervir una cacerola mediana con agua. Agregue los tomates de a pocos a la vez y cocine 1 minuto. Con una espumadera, retírelos y colóquelos en un recipiente con agua fría. Repite con los tomates restantes. Pelar los tomates, quitarles el corazón y quitarles las semillas.

**2.** En una olla grande, combine los tomates, la cebolla, el ajo, la albahaca y el pimiento rojo triturado. Cubra y deje hervir a fuego lento. Cocine a fuego lento 20 minutos o hasta que la cebolla esté tierna. Deje enfriar un poco.

**3.** Pase la mezcla a través de un molino de alimentos, si la usa, o haga puré en una licuadora o procesador de alimentos. Regrese el puré a la olla. Agrega la albahaca, el pimiento rojo y la sal al gusto.

**4.** Justo antes de servir, recalienta la salsa. Retirar del fuego y agregar el aceite de oliva y la mantequilla. Servir caliente. Puede prepararse con anticipación y almacenarse en un recipiente herméticamente cerrado en el refrigerador hasta 5 días o en el congelador hasta 2 meses.

## Salsa de tomate, estilo toscano

### Salsa di Pomodoro alla Toscana

**Rinde 3 tazas**

*Un soffritto es una mezcla de vegetales aromáticos picados, generalmente cebolla, zanahoria y apio, cocidos en mantequilla o aceite hasta que estén tiernos y ligeramente dorados. Es la base aromatizante de muchas salsas, sopas y estofados y una técnica esencial en la cocina italiana. Muchos cocineros italianos juntan todos los ingredientes del soffritto en una sartén fría y luego encienden el fuego. De esta manera, todos los ingredientes se cocinan suavemente y nada se dora demasiado o se cocina demasiado. Con el método alternativo de calentar el aceite primero y luego agregar los ingredientes picados, existe el peligro de que el aceite se sobrecaliente. Las verduras pueden dorarse y volverse demasiado cocidas y amargas. Esta salsa de tomate al estilo toscano comienza con un soffritto de las verduras habituales más ajo cocido con aceite de oliva.*

4 cucharadas de aceite de oliva

1 cebolla mediana, finamente picada

1/2 taza de zanahoria picada

1/4 taza de apio picado

1 diente de ajo pequeño, picado

3 libras de tomates pera maduros frescos, pelados, sin semillas y finamente picados, o 1 lata (28 onzas) de tomates pelados italianos importados con su jugo, pasados por un molino de alimentos

1/2 taza de caldo de pollo

Pizca de pimiento rojo triturado

Sal

2 o 3 hojas de albahaca, cortadas

1. Vierta el aceite en una cacerola mediana. Agrega la cebolla, la zanahoria, el apio y el ajo. Cocine a fuego medio, revolviendo ocasionalmente, hasta que las verduras estén tiernas y doradas, unos 15 minutos.

2. Agregue los tomates, el caldo, el pimiento rojo y la sal al gusto. Llevar a fuego lento. Cubra parcialmente la sartén y cocine a fuego lento, revolviendo ocasionalmente, hasta que espese, aproximadamente 30 minutos.

3. Agrega la albahaca. Servir caliente. Puede prepararse con anticipación y almacenarse en un recipiente herméticamente

cerrado en el refrigerador hasta 5 días o en el congelador hasta 2 meses.

# Salsa Pizzaiola

## Salsa Pizzaiola

**Rinde aproximadamente 2 1/2 tazas**

*Los napolitanos usan esta sabrosa salsa para cocinar pequeños bistecs o chuletas (ver <u>Carne</u>), o lo sirven sobre espaguetis. Sin embargo, generalmente no se usa en pizza, ya que el calor extremo de los hornos de pizza napolitanos de leña cocinaría demasiado una salsa ya cocida. Recibe su nombre de los tomates, el ajo y el orégano, los mismos ingredientes que un pizzero usa normalmente en la pizza.*

*Picar el ajo hasta que esté muy fino, para que no queden trozos grandes en la salsa.*

2 dientes de ajo grandes, finamente picados

1/4 taza de aceite de oliva

Pizca de pimiento rojo triturado

1 lata (28 onzas) de tomates italianos pelados importados con su jugo, picados

1 cucharadita de orégano seco, desmenuzado

Sal

1. En una sartén grande, cocine el ajo en el aceite a fuego medio hasta que esté dorado, aproximadamente 2 minutos. Agregue el pimiento rojo triturado.

2. Agrega los tomates, el orégano y la sal al gusto. Lleve la salsa a fuego lento. Cocine, revolviendo ocasionalmente, 20 minutos o hasta que la salsa esté espesa. Servir caliente. Puede prepararse con anticipación y almacenarse en un recipiente herméticamente cerrado en el refrigerador hasta 5 días o en el congelador hasta 2 meses.

# Salsa de carne "falsa"

## Sugo Finto

**Rinde aproximadamente 6 tazas**

*Sugo finto significa "salsa falsa", un nombre extraño para una salsa tan deliciosa y útil, y que se usa con frecuencia en el centro de Italia, según mi amigo Lars Leicht. Esta receta proviene de su tía, que vive fuera de Roma. Está tan lleno de sabor que podría engañarse pensando que tenía algo de carne. La salsa es perfecta para esos momentos en los que quieres algo más complejo que una simple salsa de tomate, pero no quieres añadirle carne. Esta receta rinde mucho, pero se puede reducir a la mitad fácilmente, si lo prefiere.*

1/4 taza de aceite de oliva

1 cebolla amarilla mediana, finamente picada

2 zanahorias pequeñas, peladas y finamente picadas

2 dientes de ajo finamente picados

4 hojas de albahaca fresca, picadas

1 ají seco pequeño, triturado o una pizca de pimiento rojo triturado

1 taza de vino blanco seco

2 latas (de 28 a 35 onzas cada una) de tomates pelados italianos importados con su jugo o 6 libras de tomates pera frescos, pelados, sin semillas y picados

1. En una cacerola grande, combine el aceite, la cebolla, las zanahorias, el ajo, la albahaca y el chile. Cocine a fuego medio, revolviendo ocasionalmente, hasta que las verduras estén tiernas y doradas, aproximadamente 10 minutos.

2. Agregue el vino y deje hervir a fuego lento. Cocine 1 minuto.

3. Pase los tomates a través de un molinillo de alimentos a la olla o haga puré en una licuadora o procesador de alimentos. Deje hervir a fuego lento y baje el fuego. Sazone al gusto con sal. Cocine, revolviendo ocasionalmente, durante 30 minutos o hasta que la salsa se espese. Servir caliente. Puede prepararse con anticipación y almacenarse en un recipiente herméticamente cerrado en el refrigerador hasta 5 días o en el congelador hasta 2 meses.

# Salsa rosa

## Salsa di Pomodoro alla Panna

**Rinde aproximadamente 3 tazas**

*La crema espesa suaviza esta hermosa salsa rosa. Sírvelo con ravioles o ñoquis verdes.*

1/4 taza de mantequilla sin sal

1/4 taza de chalotas frescas picadas

3 libras de tomates frescos, pelados, sin semillas y picados, o 1 lata (28 onzas) de tomates pelados italianos importados con su jugo

Sal y pimienta negra recién molida

1/2 taza de crema espesa

1. En una cacerola grande, derrita la mantequilla a fuego medio-bajo. Agregue las chalotas y cocine hasta que estén doradas, aproximadamente 3 minutos. Agregue los tomates, la sal y la pimienta y cocine, revolviendo, hasta que la salsa hierva a fuego lento. Si usa tomates enlatados, córtelos con una cuchara. Cocine, revolviendo ocasionalmente, hasta que la salsa esté

ligeramente espesa, aproximadamente 20 minutos. Deje enfriar un poco.

**2.** Pasar la mezcla de tomate por un pasapurés. Regrese la salsa a la olla y caliéntela a fuego medio. Agrega la nata y cocina 1 minuto o hasta que espese un poco. Servir caliente.

## Salsa de Tomate con Cebolla

### Salsa di Pomodoro con Cipolla

**Rinde 2 1/2 tazas**

*El azúcar natural de la cebolla complementa la dulzura de la mantequilla en esta salsa. Esta salsa también está bien hecha con chalotes en lugar de cebolla.*

3 cucharadas de mantequilla sin sal

1 cucharada de aceite de oliva

1 cebolla pequeña, muy finamente picada

3 libras de tomates pera, pelados, sin semillas y picados, o 1 lata (28 onzas) de tomates pelados italianos importados con su jugo, pasados por un molino de alimentos

Sal y pimienta negra recién molida al gusto.

1. En una cacerola mediana y pesada, derrita la mantequilla con el aceite a fuego medio. Agregue la cebolla y cocine, revolviendo una o dos veces, hasta que la cebolla esté tierna y dorada, aproximadamente 7 minutos.

**2.** Agrega los tomates y la sal y pimienta. Lleve la salsa a fuego lento y cocine 20 minutos o hasta que espese.

# Salsa de tomate asado

## Salsa di Pomodoro Arrostito

**Rinde suficiente para 1 libra de pasta**

*Incluso los tomates frescos menos que perfectos se pueden cocinar de esta manera. Puede usar solo una variedad de tomates o varios tipos. Una combinación de tomates rojos y amarillos es particularmente agradable. La albahaca o el perejil son las opciones obvias para las hierbas, pero también puede usar una mezcla que incluya cebollino, romero, menta o lo que tenga a mano.*

*Me gusta asar con anticipación, luego mezclar la salsa a temperatura ambiente con pasta caliente como penne o fusilli. Mi amiga Suzie O'Rourke me dice que su forma favorita de servirlo es como aperitivo untado en rebanadas de pan italiano tostado.*

2 1/2 libras de tomates redondos, ciruela, cereza o uva

4 dientes de ajo, finamente picados

Sal

Pizca de pimiento rojo triturado

1 1/2 taza de aceite de oliva

1/2 taza de albahaca, perejil u otras hierbas frescas picadas

1. Coloque una rejilla en el centro del horno. Precaliente el horno a 400 ° F. Engrase un molde para hornear no reactivo de 13 × 9 × 2 pulgadas.

2. Pique en trozos grandes los tomates redondos o ciruela en trozos de 1/2 pulgada. Corte los tomates cherry o uva en mitades o cuartos.

3. Extienda los tomates en la sartén. Espolvorea con el ajo, la sal y el pimiento rojo triturado. Rocíe con el aceite y revuelva suavemente.

4. Ase de 30 a 45 minutos o hasta que los tomates estén ligeramente dorados. Retire los tomates del horno y agregue las hierbas. Servir caliente oa temperatura ambiente.

# Ragú estilo Abruzzo

## Ragù Abruzzese

**Rinde alrededor de 7 tazas**

*Las verduras para este ragú se dejan enteras y algunas de las carnes se cuecen con hueso. Al final del tiempo de cocción, se retiran las verduras y los huesos sueltos. Por lo general, las carnes se retiran de la salsa y se sirven como segundo plato. Sirve esta salsa con formas de pasta gruesa como rigatoni.*

3 cucharadas de aceite de oliva

1 libra de paleta de cerdo con algunos huesos, cortada en trozos de 2 pulgadas

1 libra de cuello o paletilla de cordero con huesos, cortados en trozos de 2 pulgadas

1 libra de carne de estofado de ternera deshuesada, cortada en trozos de 1 pulgada

1/2 taza de vino tinto seco

2 cucharadas de pasta de tomate

4 libras de tomates frescos, pelados, sin semillas y picados, o 2 latas (28 onzas) de tomates pelados italianos importados con su jugo, pasados por un molino de alimentos

2 tazas de agua

Sal y pimienta negra recién molida

1 cebolla mediana

1 rebanada de apio

1 zanahoria mediana

1. En una olla grande y pesada, calienta el aceite a fuego medio. Agregue las carnes y cocine, revolviendo ocasionalmente, hasta que estén ligeramente doradas.

2. Agregue el vino y cocine hasta que la mayor parte del líquido se evapore. Agrega la pasta de tomate. Agrega los tomates, el agua y la sal y pimienta al gusto.

3. Agregue las verduras y cocine a fuego lento. Tape la olla y cocine, revolviendo ocasionalmente, hasta que la carne esté muy tierna, aproximadamente 3 horas. Si la salsa parece fina, destape y cocine hasta que se reduzca un poco.

4. Dejar enfriar. Retire los huesos sueltos y las verduras.

**5.** Vuelva a calentar antes de servir o cúbralo y guárdelo en el refrigerador hasta por 3 días o en el congelador hasta por 3 meses.

# Ragú napolitano

## Ragù alla Napolitana

**Rinde alrededor de 8 tazas**

*Este suculento ragú, elaborado con diferentes cortes de carne de res y cerdo, es lo que muchos italoamericanos llaman "salsa", que se prepara para la comida o la cena del domingo al mediodía. Es ideal para mezclar con formas sustanciales de pasta como conchas o rigatoni y para usar en platos de pasta al horno, como<u>Lasaña napolitana</u>.*

*Las albóndigas se agregan a la salsa hacia el final del tiempo de cocción, para que pueda prepararlas mientras la salsa hierve a fuego lento.*

2 cucharadas de aceite de oliva

1 libra de huesos de cuello de cerdo carnosos o costillas de cerdo

1 libra de carne de res en una sola pieza

1 libra de salchichas de cerdo al estilo italiano o de hinojo

4 dientes de ajo, ligeramente triturados

1/4 taza de pasta de tomate

3 latas (de 28 a 35 onzas) de tomates pelados italianos importados

Sal y pimienta negra recién molida al gusto.

6 hojas frescas de albahaca, cortadas en trozos pequeños

1 receta Albóndigas Napolitanas, el tamaño más grande

2 tazas de agua

1. En una olla grande y pesada, calienta el aceite a fuego medio. Seque la carne de cerdo con palmaditas y ponga los trozos en la olla. Cocine, volteando ocasionalmente, unos 15 minutos o hasta que estén bien dorados por todos lados. Retire la carne de cerdo a un plato. Dorar la carne de la misma manera y sacarla de la olla.

2. Coloque las salchichas en la olla y dore por todos lados. Aparte las salchichas con las demás carnes.

3. Escurre la mayor parte de la grasa. Agrega el ajo y cocina 2 minutos o hasta que esté dorado. Desecha el ajo. Agrega la pasta de tomate; cocinar 1 minuto.

4. Con un molinillo de alimentos, haga puré los tomates y su jugo en la olla. O, para una salsa más gruesa, simplemente corte los

tomates. Agregue 2 tazas de agua y sal y pimienta. Agregue el cerdo, la ternera, las salchichas y la albahaca. Lleve la salsa a fuego lento. Cubra parcialmente la olla y cocine a fuego lento, revolviendo ocasionalmente, durante 2 horas. Si la salsa se vuelve demasiado espesa, agregue un poco más de agua.

5. Mientras tanto, prepara las albóndigas. Cuando la salsa esté casi lista, agregue las albóndigas a la salsa. Cocine 30 minutos o hasta que la salsa esté espesa y las carnes muy tiernas. Retire las carnes de la salsa y sirva como segundo plato o comida separada. Sirve la salsa caliente. Cubra y almacene en un recipiente hermético en el refrigerador hasta por 3 días o en el congelador hasta por 2 meses.

# Ragú de salchicha

## Ragù di Salsiccia

**Rinde 4 1/2 tazas**

*Pequeños trozos de carne de salchicha de cerdo al estilo italiano adornan esta salsa del sur de Italia. Si te gusta picante, usa salchichas calientes. Sirve esta salsa en* Tortelli de papa *o pasta con trozos, como conchas o rigatoni.*

1 libra de salchichas de cerdo italianas simples

2 cucharadas de aceite de oliva

2 dientes de ajo finamente picados

1/2 taza de vino blanco seco

3 libras de tomates pera frescos, pelados, sin semillas y picados, o 1 lata (28 onzas) de tomates pelados italianos importados con su jugo, pasados por un molino de alimentos

Sal y pimienta negra recién molida

3 a 4 hojas frescas de albahaca, cortadas en pedazos

**1.** Retirar la salchicha de las tripas. Picar finamente la carne.

**2.** En una olla grande, calienta el aceite a fuego medio. Agrega la carne de chorizo y el ajo. Cocine, revolviendo con frecuencia, hasta que la carne de cerdo esté ligeramente dorada, aproximadamente 10 minutos. Agregue el vino y deje hervir a fuego lento. Cocine hasta que la mayor parte del vino se evapore.

**3.** Agrega los tomates y la sal al gusto. Llevar a fuego lento. Reduce el calor al mínimo. Cocine, revolviendo ocasionalmente, hasta que la salsa espese, aproximadamente 1 hora y 30 minutos. Agregue la albahaca justo antes de servir. Servir caliente. Puede prepararse con anticipación y almacenarse en un recipiente herméticamente cerrado en el refrigerador hasta 3 días o en el congelador hasta 2 meses.

# Ragú al estilo de las marchas

## Ragù di Carne alla Marchigiana

**Rinde aproximadamente 5 tazas**

*La ciudad de Campofilone en las Marcas del centro de Italia alberga un festival anual de pasta que atrae a visitantes de todas partes. Lo más destacado del banquete son los maccheroncini, pasta de huevo enrollada a mano que se sirve con esta sabrosa salsa de carne. Una mezcla de hierbas y una pizca de clavo le dan a este ragú un sabor especial. Un poco de leche añadida al final del tiempo de cocción le da un acabado suave. Si está preparando esta salsa con anticipación, agregue la leche justo antes de servirla. Sirve con fettuccine.*

1 taza casera Caldo de carne o caldo de res comprado en la tienda

1/4 taza de aceite de oliva

1 cebolla pequeña finamente picada

1 costilla de apio picada

1 zanahoria picada

1 cucharada de perejil fresco picado

2 cucharaditas de romero fresco picado

1 cucharadita de tomillo fresco picado

1 hoja de laurel

1 libra de chuletón de res deshuesado, cortado en trozos de 2 pulgadas

1 lata (28 onzas) de tomates pelados italianos importados, escurridos y pasados por un molino de alimentos

Pizca de clavo molido

Sal y pimienta negra recién molida

1/2 taza de leche

1. Prepara el caldo, si es necesario. Vierta el aceite en una cacerola grande. Agregue las verduras y las hierbas y cocine a fuego medio, revolviendo ocasionalmente, durante 15 minutos o hasta que las verduras estén tiernas y doradas.

2. Agregue la carne y cocine, revolviendo con frecuencia, hasta que la carne esté dorada. Espolvorear con sal y pimienta. Agrega el puré de tomate, el caldo y los clavos. Llevar a fuego lento. Cubra parcialmente la sartén y cocine, revolviendo ocasionalmente, hasta que la carne esté tierna y la salsa espesa, aproximadamente 2 horas.

**3.** Retirar la carne, escurrirla y picarla finamente. Revuelva la carne picada nuevamente en la salsa.

**4.** Agrega la leche y calienta 5 minutos antes de servir. Servir caliente. Se puede preparar con anticipación y almacenar en un recipiente hermético en el refrigerador hasta 3 días o en el congelador hasta 2 meses.

# Salsa de carne toscana

## Ragù alla Toscana

**Rinde 8 tazas**

*Las especias y la ralladura de limón le dan a este ragú de ternera y cerdo un sabor dulce. Sírvelo con* pici.

4 cucharadas de mantequilla sin sal

1/4 taza de aceite de oliva

4 onzas de prosciutto italiano importado, picado

2 zanahorias medianas

2 cebollas rojas medianas

1 costilla de apio grande, picada

1/4 taza de perejil fresco picado

1 libra de chuletón de res deshuesado, cortado en trozos de 2 pulgadas

8 onzas de salchichas dulces italianas o carne de cerdo molida

2 libras de tomates frescos o 1 lata (28 onzas) de tomates italianos pelados importados, picados

2 tazas caseras Caldo de carne o caldo de res comprado en la tienda

1/2 taza de vino tinto seco

1/2 cucharadita de ralladura de limón

Pizca de canela

Pizca de nuez moscada

Sal y pimienta negra recién molida al gusto.

1. En una cacerola grande, derrita la mantequilla con el aceite de oliva a fuego medio. Agregue el prosciutto y las verduras picadas y cocine, revolviendo con frecuencia, durante 15 minutos.

2. Agregue las carnes y cocine, revolviendo con frecuencia, hasta que se doren, aproximadamente 20 minutos.

3. Agrega los tomates, el caldo, el vino, la ralladura de limón, la canela, la nuez moscada y la sal y pimienta al gusto. Lleve la mezcla a fuego lento. Cocine, revolviendo ocasionalmente, hasta que la salsa espese, aproximadamente 2 horas.

**4.** Retire los trozos de carne de la olla. Colócalos en una tabla de cortar y córtalos en trozos pequeños. Agrega la carne picada a la salsa. Servir caliente. Se puede preparar con anticipación y almacenar en un recipiente hermético en el refrigerador hasta 3 días o en el congelador hasta 2 meses.

# Ragú a la Bolonia

## Ragu boloñés

**Rinde aproximadamente 5 tazas**

*En Tamburini, la mejor tienda de comida gourmet y comida para llevar de Bolonia, puedes comprar muchos tipos de pasta fresca al huevo. Los más famosos son los tortellini, anillos de pasta del tamaño de una moneda de cinco centavos rellenos de mortadela, una salchicha de cerdo finamente especiada. Los tortellini se sirven en brodo, "caldo", alla panna, en una salsa de crema espesa o, lo mejor de todo, al ragù, con una rica salsa de carne. La cocción lenta y prolongada del soffritto (verduras aromáticas y panceta) le da al ragú al estilo boloñés un sabor rico y profundo.*

2 tazas caseras Caldo de carne o caldo de res comprado en la tienda

2 cucharadas de mantequilla sin sal

2 cucharadas de aceite de oliva

2 onzas de panceta finamente picada

2 zanahorias pequeñas, peladas y finamente picadas

1 cebolla finamente picada

1 costilla de apio tierna, finamente picada

8 onzas de ternera molida

8 onzas de carne de cerdo molida

8 onzas de carne molida

1/2 taza de vino tinto seco

3 cucharadas de pasta de tomate

1/4 de cucharadita de nuez moscada rallada

Sal y pimienta negra recién molida

1 taza de leche

1. Prepara el caldo, si es necesario. En una olla grande, derrita la mantequilla con el aceite a fuego medio-bajo. Agrega la panceta, las zanahorias, la cebolla y el apio. Cocine la mezcla a fuego lento, revolviendo ocasionalmente, hasta que todos los aromas estén muy tiernos y de un color dorado intenso, aproximadamente 30 minutos. Si los ingredientes comienzan a dorarse demasiado, agregue un poco de agua tibia.

**2.** Agrega las carnes y revuelve bien. Cocine, revolviendo con frecuencia para romper los grumos, hasta que las carnes pierdan su color rosa, pero no se doren, aproximadamente 15 minutos.

**3.** Agregue el vino y cocine a fuego lento hasta que el líquido se evapore, aproximadamente 2 minutos. Agregue la pasta de tomate, el caldo, la nuez moscada y agregue sal y pimienta al gusto. Lleve la mezcla a fuego lento. Cocine a fuego lento, revolviendo ocasionalmente, hasta que la salsa esté espesa, aproximadamente 2 1/2 a 3 horas. Si la salsa se vuelve demasiado espesa, agregue un poco más de caldo o agua.

**4.** Agregue la leche y cocine 15 minutos más. Servir caliente. Se puede preparar con anticipación y almacenar en un recipiente hermético en el refrigerador hasta 3 días o en el congelador hasta 2 meses.

# Ragú de pato

## Ragù di Anatra

**Rinde aproximadamente 5 tazas**

*Los patos salvajes prosperan en las lagunas y marismas del Véneto, y los cocineros locales preparan platos maravillosos con ellos. Se asan, estofan o preparan así, en ragú. La salsa rica y gamy se come con bigoli, espaguetis espesos de trigo integral preparados con un torchio, una prensa de pasta con manivela. Los patos domésticos frescos, aunque no son tan sabrosos como la variedad salvaje, son un buen sustituto. Sirvo la salsa con fettuccine y los trozos de pato como segundo plato.*

*Pídale al carnicero que corte el pato en cuartos o hágalo usted mismo con unas tijeras para aves o un cuchillo de chef grande. Si prefiere no usarlo, simplemente omita el hígado.*

1 patito (alrededor de 5 1/2 libras)

2 cucharadas de aceite de oliva

Sal y pimienta negra recién molida, al gusto.

2 onzas de panceta picada

2 cebollas medianas, picadas

2 zanahorias medianas, picadas

2 costillas de apio picadas

6 hojas frescas de salvia

Una pizca de nuez moscada recién rallada

1 taza de vino blanco seco

2 1/2 tazas de tomates frescos pelados, sin semillas y picados

1. Enjuague el pato por dentro y por fuera y elimine la grasa suelta de la cavidad. Con unas tijeras para aves, corte el pato en 8 trozos. Primero corta el pato a lo largo de la espina dorsal. Abre el pato como un libro. Con un cuchillo grueso, corte el pato por la mitad a lo largo entre los dos lados de la pechuga. Corta el muslo del pecho. Separe la pierna y el muslo en la articulación. Separe el ala y el pecho en la articulación. Si usa el hígado, córtelo en dados y déjelo a un lado.

2. En una cacerola grande y pesada, caliente el aceite a fuego medio. Seque los trozos de pato con toallas de papel. Agregue los trozos de pato y cocine, revolviendo ocasionalmente, hasta que

se doren por todos lados. Espolvorear con sal y pimienta. Coloca el pato en una fuente. Quite toda la grasa menos 2 cucharadas.

**3.** Agregue la panceta, las cebollas, las zanahorias, el apio y la salvia a la sartén. Cocine durante 10 minutos, revolviendo ocasionalmente, hasta que las verduras estén tiernas y doradas. Agregue el vino y cocine a fuego lento durante 1 minuto.

**4.** Regrese el pato a la olla y agregue los tomates y el agua. Lleva el líquido a fuego lento. Tape parcialmente la olla y cocine, revolviendo ocasionalmente, durante 2 horas, o hasta que el pato esté muy tierno al pincharlo con un tenedor. Agregue el hígado de pato, si lo usa. Retire la sartén del fuego. Deje enfriar un poco, luego retire la grasa de la superficie. Retire los trozos de carne de la salsa con una espumadera y transfiéralos a una fuente. Cubra para mantener el calor.

**5.** Sirva la salsa con fettuccine cocido caliente, seguido de la carne de pato como segundo plato. El plato completo se puede cocinar con hasta 2 días de anticipación, guardar en un recipiente hermético y refrigerar.

# Ragú de conejo o pollo

## Ragù di Coniglio o Pollo

**Rinde 3 tazas**

*Para la cena de Pascua era tradicional en nuestra casa comenzar con pasta en un ragú de conejo. Para aquellos en la familia reacios a comer conejo, mi madre preparaba la misma salsa con pollo. Dada la suavidad de la carne de conejo, siempre encontré el ragú de pollo mucho más sabroso. Haga que el carnicero le corte el conejo o el pollo.*

1 conejo pequeño o pollo, cortado en 8 trozos

2 cucharadas de aceite de oliva

1 lata (28 onzas) de tomates italianos pelados importados con su jugo, picados

1 cebolla mediana, finamente picada

1 zanahoria mediana, finamente picada

1 diente de ajo finamente picado

1 1/2 taza de vino blanco seco

1 cucharadita de romero fresco picado

Sal y pimienta negra recién molida

1. En una sartén grande, calienta el aceite a fuego medio. Seque los trozos de conejo o pollo y espolvoree con sal y pimienta. Colóquelos en la sartén y dore bien por todos lados, unos 20 minutos.

2. Retirar las piezas a un plato. Vierta toda la grasa de la sartén menos dos cucharadas.

3. Agrega la cebolla, la zanahoria, el ajo y el romero a la sartén. Cocine, revolviendo con frecuencia, hasta que las verduras estén tiernas y ligeramente doradas. Agregue el vino y cocine a fuego lento durante 1 minuto. Pasar los tomates con su jugo por un molino de alimentos, o hacerlos puré en una licuadora o procesador de alimentos, y agregarlos a la olla. Añadir sal y pimienta al gusto. Reduzca el fuego a bajo y cubra parcialmente la sartén. Cocine a fuego lento durante 15 minutos, revolviendo ocasionalmente.

4. Regrese la carne a la sartén. Cocine durante 20 minutos, revolviendo ocasionalmente, hasta que la carne esté tierna y se caiga o se desprenda fácilmente del hueso. Retire los trozos de

carne de la salsa con una espumadera y transfiéralos a una fuente. Cubra para mantener el calor.

5. Sirva la salsa sobre fettuccine cocido y caliente, seguido por el conejo o el pollo como segundo plato. Se puede preparar con anticipación y almacenar en un recipiente hermético en el refrigerador hasta 3 días o en el congelador hasta 2 meses.

## Ragú de Porcini y Carne

### Ragù di Funghi e Carne

**Rinde aproximadamente 6 tazas**

*Aunque se ha escrito mucho sobre las grandes trufas blancas del Piamonte, los hongos porcini, llamados cèpes por los franceses, son un gran tesoro de la región. Abundantes después de la lluvia, las gruesas tapas marrones de los porcini están sostenidas por tallos cortos de color blanco cremoso, lo que les da un aspecto regordete. Su nombre significa cerditos. A la parrilla o asado con aceite de oliva y hierbas, el sabor de los hongos es dulce y a nuez. Debido a que los porcini frescos solo están disponibles en la primavera y el otoño, los cocineros de esta región confían en los porcini secos el resto del año para darle a las salsas y estofados un rico sabor a madera.*

Los porcini secos se venden generalmente en envases de plástico transparente o celofán. Busque rodajas enteras grandes con un mínimo de migas y escombros en el fondo de la bolsa. La fecha de "caducidad" debe estar dentro del año. El sabor se desvanece a medida que los hongos envejecen. Guarde los porcini secos en un recipiente herméticamente cerrado.

1½ tazas caserasCaldo de carneh o caldo de res comprado en la tienda

1 onza de hongos porcini secos

2 tazas de agua tibia

2 cucharadas de aceite de oliva

2 onzas de panceta picada

1 zanahoria picada

1 cebolla mediana picada

1 costilla de apio picada

1 diente de ajo, muy finamente picado

1 1/2 libras de ternera molida

1 1/2 taza de vino blanco seco

Sal y pimienta negra recién molida

1 taza de tomates italianos importados frescos o enlatados, picados

1/4 de cucharadita de nuez moscada recién rallada

1. Prepara el caldo, si es necesario. En un tazón mediano, remoje los champiñones en el agua durante 30 minutos. Saca los champiñones del líquido de remojo. Cuele el líquido a través de un filtro de café de papel o un trozo de estopilla humedecida en

un recipiente limpio y déjelo a un lado. Enjuague las setas con agua corriente, prestando especial atención a la base donde se acumula la tierra. Pica finamente los champiñones.

2. Vierta el aceite en una cacerola grande. Agrega la panceta y cocina a fuego medio unos 5 minutos. Agregue la zanahoria, la cebolla, el apio y el ajo y cocine, revolviendo con frecuencia, hasta que estén tiernos y dorados, unos 10 minutos más. Agregue la ternera y cocine hasta que esté ligeramente dorada, revolviendo con frecuencia para romper los grumos. Agrega el vino y cocina 1 minuto. Sazone al gusto con sal y pimienta.

3. Agregue los tomates, los champiñones, la nuez moscada y el líquido de champiñones reservado. Llevar a fuego lento. Cocine 1 hora o hasta que la salsa espese. Servir caliente. Se puede preparar con anticipación y almacenar en un recipiente hermético en el refrigerador hasta 3 días o en el congelador hasta 2 meses.

# Ragú de cerdo con hierbas frescas

## Ragù di Maiale

**Rinde 6 tazas**

*En la casa de Natale Liberale en Puglia, mi esposo y yo comimos este ragú de cerdo molido en trocoli, espaguetis frescos de corte cuadrado similar a la pasta alla chitarra de Abruzzo. Lo hizo su madre Enza, quien me mostró cómo cortaba láminas de pasta de huevo casera con un rodillo de madera con bordes especiales. El ragú también es bueno con orecchiette o fettuccine fresco.*

*La variedad de hierbas hace que el ragù de Enza sea distintivo. Profundizan el sabor de la salsa a medida que hierven a fuego lento. Las hierbas frescas son ideales, pero se pueden sustituir por hierbas congeladas o secas, aunque evito la albahaca seca, que es desagradable. Sustituya el perejil fresco si no dispone de albahaca.*

4 cucharadas de aceite de oliva

1 cebolla mediana, finamente picada

1/2 taza de albahaca fresca picada o perejil de hoja plana

1/4 taza de hojas de menta fresca picadas o 1 cucharadita seca

1 cucharada de salvia fresca picada o 1 cucharadita seca

1 cucharadita de romero fresco picado o 1/2 cucharadita seca

1/2 cucharadita de semillas de hinojo

1 libra de carne de cerdo molida

Sal y pimienta negra recién molida

1/2 taza de vino tinto seco

1 lata (28 onzas) de tomates italianos pelados importados con su jugo, picados

1. Ponga el aceite, la cebolla, todas las hierbas y las semillas de hinojo en una cacerola grande y encienda el fuego a medio. Cocine, revolviendo ocasionalmente, hasta que la cebolla esté tierna y dorada, aproximadamente 10 minutos.

2. Agrega la carne de cerdo, luego la sal y la pimienta al gusto. Cocine, revolviendo frecuentemente para romper los grumos, hasta que la carne de cerdo pierda su color rosa, unos 10 minutos. Agregue el vino y cocine a fuego lento durante 5 minutos. Agregue los tomates y cocine durante 1 hora o hasta que la salsa se espese. Servir caliente. Se puede preparar con

anticipación y almacenar en un recipiente hermético en el refrigerador hasta 3 días o en el congelador hasta 2 meses.

## Ragú de Carne Trufada

### Ragù Tartufato

**Rinde 5 tazas**

*En Umbría, las trufas negras cultivadas en la región se agregan al ragú al final del tiempo de cocción. Le dan a la salsa un sabor amaderado especial.*

*Puede omitir la trufa o usar una trufa en frasco, disponible en tiendas especializadas. Otra alternativa es utilizar un poquito de aceite de trufa. Use solo una cantidad escasa, ya que su sabor puede ser abrumador. Sirve esta salsa con fettuccine fresco. La salsa es tan rica que no se necesita queso rallado.*

1 onza de hongos porcini secos

2 tazas de agua caliente

2 cucharadas de mantequilla sin sal

8 onzas de carne de cerdo molida

8 onzas de ternera molida

2 onzas de panceta en rodajas, finamente picada

1 costilla de apio, cortada por la mitad

1 zanahoria mediana, cortada por la mitad

1 cebolla pequeña, pelada pero dejada entera

2 tomates frescos medianos, pelados, sin semillas y picados, o 1 taza de tomates enlatados italianos importados, escurridos y picados

1 cucharada de pasta de tomate

1/4 taza de crema espesa

1 trufa negra pequeña, fresca o en frasco, en rodajas finas, o unas gotas de aceite de trufa

Una pizca de nuez moscada recién rallada

1. Coloque los champiñones porcini en un bol con el agua. Deje en remojo 30 minutos. Saca los champiñones del líquido. Cuele el líquido a través de un filtro de café o una gasa humedecida en un recipiente limpio y reserve. Lave bien los hongos con agua fría, prestando especial atención a la base de los tallos donde se acumula la tierra. Pica finamente los champiñones.

2. En una cacerola grande, derrita la mantequilla a fuego medio. Agregue las carnes y cocine, revolviendo para deshacer los

grumos, hasta que la carne pierda su color rosa pero no se dore. Debe permanecer suave.

**3.** Agregue el vino y cocine a fuego lento 1 minuto. Agregue el apio, la zanahoria, la cebolla y los champiñones y 1 taza de su líquido, los tomates y la pasta de tomate y revuelva bien. Dejamos cocinar a fuego muy lento durante 1 hora. Si la salsa se seca demasiado, agregue un poco del líquido de los champiñones.

**4.** Cuando el ragú se haya cocinado durante 1 hora, retire el apio, la zanahoria y la cebolla. La salsa se puede preparar con anticipación hasta este punto. Déjelo enfriar, luego guárdelo en un recipiente hermético y refrigere hasta 3 días o guárdelo en el congelador hasta 2 meses. Vuelva a calentar la salsa antes de continuar.

**5.** Justo antes de servir, agregue la crema, la trufa y la nuez moscada a la salsa picante. Revuelva suavemente pero no cocine, para preservar el sabor de la trufa. Servir caliente.

## Salsa de Mantequilla y Salvia

### Salsa al Burro e Salvia

**Rinde 1/2 taza**

*Esto es tan básico que dudé si incluirlo, pero es la salsa clásica para pasta fresca con huevo, especialmente pasta rellena como ravioles. Use mantequilla fresca y espolvoree el plato terminado con queso Parmigiano-Reggiano recién rallado.*

1 barra de mantequilla sin sal

6 hojas de salvia

Sal y pimienta negra recién molida

Parmigiano Reggiano

Derretir la mantequilla con la salvia a fuego lento. Cocine a fuego lento 1 minuto. Sazone al gusto con sal y pimienta. Sirva con pasta cocida caliente y cubra con queso Parmigiano-Reggiano.

**Variación:** Salsa de mantequilla dorada: Cocine la mantequilla durante unos minutos hasta que se dore ligeramente. Deja fuera la salvia. Salsa de Avellanas: Agregue 1/4 de taza de avellanas tostadas picadas a la mantequilla. Deja fuera la salvia.

# Aceite santo

## Olio Santo

**Rinde 1 taza**

Los italianos en Toscana, Abruzos y otras regiones del centro de Italia llaman a este aceite sagrado porque se usa para "ungir" muchas sopas y pastas, al igual que el aceite bendito se usa en ciertos sacramentos. Gotee este aceite en sopas o mezcle con la pasta. Tenga cuidado, ¡hace calor!

Puedes utilizar los chiles secos que encuentres en tu supermercado. Si se encuentra en un mercado italiano, busque el pepperoni o "pimientos picantes" que se venden en paquetes.

1 cucharada de chiles secos triturados o pimiento rojo triturado

1 taza de aceite de oliva extra virgen

> En una pequeña botella de vidrio, combine los pimientos y el aceite. Cubra y agite bien. Deje reposar 1 semana antes de usar. Almacene en un lugar fresco y oscuro hasta por 3 meses.

# Salsa de Queso Fontina

## Fonduta

**Rinde 1 3/4 tazas**

*En la Locanda di Felicin en Monforte d'Alba en Piamonte, el propietario Giorgio Rocca sirve esta rica y deliciosa salsa en platos poco profundos, cubiertos con trufas raspadas como aperitivo o sobre verduras como brócoli o espárragos. Intentalo <u>Ñoquis de papa</u>, también.*

2 yemas de huevo grandes

1 taza de crema espesa

1/2 libra Fontina Valle d'Aosta, cortada en cubos de 1/2 pulgada

En una cacerola pequeña, mezcle las yemas de huevo y la nata. Agregue el queso y cocine a fuego medio, revolviendo constantemente, hasta que el queso se derrita y la salsa esté suave, aproximadamente 2 minutos. Servir caliente.

# Salsa bechamel

## Salsa Balsamella

**Rinde aproximadamente 4 tazas**

*Esta salsa blanca básica generalmente se combina con queso y se usa en pastas o verduras al horno. La receta se puede reducir a la mitad fácilmente.*

1 litro de leche

6 cucharadas de mantequilla sin sal

5 cucharadas de harina

Sal y pimienta negra recién molida al gusto.

Una pizca de nuez moscada recién rallada

1. Caliente la leche en una cacerola mediana hasta que se formen pequeñas burbujas alrededor del borde.

2. Derrita la mantequilla en una cacerola grande a fuego medio-bajo. Agrega la harina y revuelve bien. Cocine 2 minutos.

3. Comience a agregar lentamente la leche en un chorro fino, revolviendo con un batidor de varillas. Al principio, la salsa se

volverá espesa y grumosa, pero gradualmente se aflojará y se volverá suave a medida que agregue el resto.

**4.** Cuando se haya agregado toda la leche, agregue la sal, la pimienta y la nuez moscada. Sube el fuego a medio y revuelve constantemente hasta que la mezcla hierva a fuego lento. Cocine 2 minutos más. Retirar del fuego. Esta salsa se puede preparar hasta 2 días antes de usarla. Viértalo en un recipiente, coloque un trozo de envoltura de plástico directamente contra la superficie y séllelo herméticamente para evitar que se forme una piel, luego refrigere. Vuelva a calentar a fuego lento antes de usar agregando un poco más de leche si está demasiado espesa.

# Salsa de Ajo

## Agliata

**Rinde 1 1/2 tazas**

*La salsa de ajo se puede servir con carnes, pollo o pescado hervidos o asados. Incluso lo he mezclado con pasta cocida caliente para una comida rápida. Esta versión es de Piamonte, aunque también he comido agliata hecha sin nueces en Sicilia. Me gusta el sabor que le dan las nueces tostadas.*

2 dientes de ajo

2 o 3 rebanadas de pan italiano, sin corteza

1/2 taza de nueces tostadas

1 taza de aceite de oliva extra virgen

Sal y pimienta negra recién molida

**1.** En un procesador de alimentos o licuadora, combine el ajo, el pan, las nueces y la sal y pimienta al gusto. Procese hasta que esté finamente picado.

**2.** Con la máquina en funcionamiento, mezcle gradualmente el aceite. Procese hasta que la salsa esté espesa y suave.

**3.** Deje reposar a temperatura ambiente 1 hora antes de servir.

# Salsa verde

## Salsa verde

**Rinde 1 1/2 tazas**

*Aunque he comido salsa verde de una forma u otra en toda Italia, esta versión es mi favorita, porque el pan le da una textura cremosa y ayuda a mantener el perejil suspendido en el líquido. De lo contrario, el perejil y otros sólidos tienden a hundirse hasta el fondo. Sirve la salsa verde con el clásico plato de carne hervida Bollito Misto (<u>Carnes Hervidas Mixtas</u>), con pescado a la plancha o asado, o sobre tomates en rodajas, huevos duros o verduras al vapor. Las posibilidades son infinitas.*

3 tazas de perejil fresco de hoja plana sin apretar

1 diente de ajo

1/4 taza de pan italiano o francés sin corteza, en cubos

6 filetes de anchoa

3 cucharadas de alcaparras escurridas

1 taza de aceite de oliva extra virgen

2 cucharadas de vinagre de vino tinto o blanco

Sal

**1.** En un robot de cocina, picar finamente el perejil y el ajo. Agregue los cubos de pan, las anchoas y las alcaparras y procese hasta que estén finamente picados.

**2.** Con la máquina en funcionamiento, agregue el aceite y el vinagre y una pizca de sal. Una vez mezclado, pruebe el condimento; ajuste según sea necesario. Cubra y almacene a temperatura ambiente hasta dos horas o en el refrigerador para un almacenamiento más prolongado.

# Salsa Siciliana de Ajo y Alcaparras

## Ammoghiu

**Rinde aproximadamente 2 tazas**

*La isla de Pantelleria frente a la costa de Sicilia es conocida tanto por su aromático vino de postre moscato di Pantelleria como por sus excelentes alcaparras. Las alcaparras prosperan y crecen salvajes en toda la isla. En primavera, las plantas se cubren de hermosas flores rosas y blancas. Los capullos sin abrir de las flores son las alcaparras, que se cosechan y se conservan en sal marina gruesa, otra especialidad local. Los sicilianos creen que la sal conserva mejor el sabor fresco de las alcaparras que el vinagre.*

*Esta salsa cruda de alcaparras, tomates y mucho ajo es una de las favoritas de Sicilia para el pescado o la pasta. Una forma de servirlo es con pescado frito crujiente o calamares.*

8 dientes de ajo pelados

1 taza de hojas de albahaca, enjuagadas y secas

1/2 taza de hojas frescas de perejil

Unas hojas de apio

6 tomates pera frescos, pelados y sin semillas

2 cucharadas de alcaparras, enjuagadas y escurridas

1/2 taza de aceite de oliva extra virgen

Sal y pimienta negra recién molida

1. En un procesador de alimentos, pique finamente el ajo, la albahaca, el perejil y las hojas de apio. Agregue los tomates y las alcaparras y procese hasta que quede suave.

2. Con la máquina en funcionamiento, agregue gradualmente el aceite de oliva y sal y pimienta al gusto. Procese hasta que quede suave y bien mezclado. Deje reposar 1 hora antes de servir. Sirve a temperatura ambiente.

# Salsa de perejil y huevo

## Salsa di Prezzemolo e Uova

**Rinde 2 tazas**

En Trentino – Alto Adige, esta salsa se sirve con espárragos frescos de primavera. Los huevos duros le dan un sabor rico y una textura cremosa. Va bien con pollo escalfado, salmón o verduras como judías verdes y espárragos.

4 huevos grandes

1 taza de perejil fresco de hoja plana, ligeramente empacado

2 cucharadas de alcaparras, enjuagadas, escurridas y picadas

1 diente de ajo

1 cucharadita de ralladura de limón

1 taza de aceite de oliva extra virgen

1 cucharada de jugo de limón fresco

Sal y pimienta negra recién molida

**1.** Coloque los huevos en una cacerola pequeña con agua fría para cubrir. Lleva el agua a fuego lento. Cocine por 12 minutos. Deje que los huevos se enfríen con agua corriente fría. Escurrir y pelar. Pica los huevos y colócalos en un bol.

**2.** En un robot de cocina oa mano, pique muy finamente el perejil, las alcaparras y el ajo. Transfiérelos al bol con los huevos.

**3.** Agrega la ralladura de limón. Con un batidor, agregue el aceite, el jugo de limón y sal y pimienta al gusto. Vierta en una salsera. Cubra y enfríe 1 hora o toda la noche.

**4.** Retire la salsa del refrigerador al menos 1/2 hora antes de servir. Revuelva bien y pruebe el condimento.

**Variación:** Agregue 1 cucharada de cebolletas frescas picadas.

# Salsa de pimiento rojo y tomate

## Bagnetto Rosso

**Rinde alrededor de 2 pintas**

*En Piamonte, en el norte de Italia, esta salsa se elabora en grandes lotes durante los meses de verano, cuando las verduras son abundantes. El nombre significa "baño rojo", porque la salsa se usa para carne hervida o con pollo, pasta, tortillas o verduras crudas.*

4 pimientos morrones rojos grandes, picados

1 taza de tomates frescos pelados, sin semillas y picados

1 cebolla mediana picada

2 cucharadas de aceite de oliva

1 cucharada de vinagre de vino

1 cucharadita de azucar

Pizca de pimiento rojo triturado

Pizca de canela molida

1. En una olla grande, combine todos los ingredientes. Tape la olla y cocine a fuego lento. Llevar a fuego lento. (Cuida que no se queme. Agrega un poco de agua si no hay suficiente líquido). Cocina 1 hora, revolviendo de vez en cuando, hasta que los pimientos estén muy tiernos.

2. Deje enfriar un poco. Pase los ingredientes a través de un molino de alimentos o procese hasta que estén suaves en una licuadora o procesador de alimentos. Gusto por condimentar. Transfiera la salsa a recipientes herméticamente cerrados y refrigere hasta 1 semana o congele hasta tres meses. Sirve a temperatura ambiente.

# Salsa de aceitunas

## Salsa di Olive

**Rinde aproximadamente 1 taza**

*Es conveniente tener a mano pasta de aceitunas en frasco para un aderezo rápido para crostini o esta salsa fácil para carnes a la parrilla. Se pueden sustituir por aceitunas finamente picadas. Esto es maravilloso para solomillo de rosbif o como salsa para pan o focaccia.*

1/2 taza de pasta de aceitunas negras

1 diente de ajo, pelado y aplanado con el lado de un cuchillo

1 cucharada de romero fresco cortado en tiras

1/2 taza de aceite de oliva extra virgen

1 a 2 cucharadas de vinagre balsámico

En un tazón mediano, mezcle la pasta de aceitunas, el ajo, el romero, el aceite y el vinagre. Si la salsa está demasiado espesa, adelgaza con un poco más de aceite. Deje reposar a temperatura ambiente al menos 1 hora. Retire el ajo antes de servir.

# Salsa de Tomate Secada al Sol

## Salsa di Pomodori Secchi

**Rinde aproximadamente 3/4 de taza**

*Rocíe esta salsa sobre filetes, rosbif o cerdo frío o, para un antipasto, sobre un tronco de queso de cabra suave.*

1 1/2 taza de tomates secados al sol, marinados y escurridos, finamente picados

2 cucharadas de perejil fresco picado

1 cucharada de alcaparras picadas

1 1/2 taza de aceite de oliva extra virgen

1 cucharada de vinagre balsámico

Pimienta negra recién molida

En un tazón mediano, mezcle todos los ingredientes. Deje reposar 1 hora a temperatura ambiente antes de servir. Sirve a temperatura ambiente. Almacene en un recipiente hermético en el refrigerador hasta por 2 días.

# Salsa de pimienta estilo molise

## Salsa di Peperoni

**Rinde aproximadamente 1 taza**

*Molise es una de las regiones más pequeñas y pobres de Italia, pero la comida está llena de sabor. Pruebe esta salsa picante de pimienta, llamada jevezarola en dialecto, como condimento para carnes o pollo asados o asados. Incluso me gusta el atún a la parrilla. Puedes usar el tuyo propio<u>Pimientos en vinagre</u>o la variedad comprada en la tienda. Si le gusta la comida picante, agregue algunos pimientos rojos picantes en escabeche.*

1 taza de pimientos rojos en escabeche, escurridos

1 cebolla mediana picada

1 cucharada de azucar

4 cucharadas de aceite de oliva

1. Coloque los pimientos, la cebolla y el azúcar en un procesador de alimentos o licuadora. Mezclar hasta que esté suave. Agrega el aceite y licúa bien.

2. Vierta la mezcla en una cacerola pequeña y pesada. Cocine, revolviendo con frecuencia, hasta que esté muy espeso, aproximadamente 45 minutos. Retirar del fuego y dejar enfriar antes de servir. Sirve a temperatura ambiente. Almacenar en un recipiente hermético en el refrigerador hasta por 1 mes.

## Mayonesa de aceite de oliva

## Maionese

**Rinde 1 taza**

La mayonesa casera marca la diferencia cuando se sirve simplemente, por ejemplo, untada sobre tomates maduros, huevos duros, pescado escalfado, pollo en rodajas o sándwiches. Para hacerlo, me gusta usar un aceite de oliva extra virgen de sabor suave o mezclar un aceite de sabor completo junto con aceite vegetal. Haga la mayonesa a mano con un batidor de varillas o use una batidora eléctrica.

La salmonela en los huevos crudos se ha reducido considerablemente en los últimos años, pero si tiene alguna duda, puede hacer un sustituto razonable mejorando la mayonesa en frascos con gotas de aceite de oliva y jugo de limón fresco al gusto.

2 yemas de huevo grandes, a temperatura ambiente

2 cucharadas de jugo de limón fresco

1/4 cucharadita de sal

1 taza de aceite de oliva extra virgen o 1/2 taza de aceite vegetal más 1/2 taza de aceite de oliva extra virgen

1. En un tazón mediano, mezcle las yemas de huevo, el jugo de limón y la sal hasta que quede de color amarillo pálido y espeso.

2. Continúe batiendo mientras agrega muy gradualmente el aceite por gotas hasta que la mezcla comience a endurecerse. A medida que se espese, mezcle el aceite restante de manera más constante, asegurándose de que se absorba antes de agregar más. Si en algún momento el aceite deja de absorberse, deja de agregar el aceite y bate rápidamente hasta que la salsa vuelva a estar suave.

3. Pruebe y ajuste la sazón. Sirva inmediatamente o cubra y refrigere hasta por 2 días.

**Variación:** Mayonesa de hierbas: Agregue 2 cucharadas de albahaca o perejil fresco finamente picado. Mayonesa de limón: agregue 1/2 cucharadita de ralladura de limón fresco rallado.

# Fettuccine con Verduras de Primavera

## fettuccine Primavera

**Rinde de 4 a 6 porciones**

*Según los informes, esta receta se inventó en el restaurante Le Cirque de Nueva York. Aunque nunca ha estado en el menú allí, los clientes habituales saben que pueden solicitarlo en cualquier momento. Se pueden usar otras verduras, como pimientos, judías verdes o calabacín, así que siéntete libre de improvisar según lo que tengas a mano.*

4 cucharadas de mantequilla sin sal

1/4 taza de chalotas picadas

1 taza de zanahorias picadas

1 taza de floretes de brócoli, cortados en trozos pequeños

4 espárragos, recortados y cortados en trozos pequeños

1/2 taza de guisantes frescos o congelados

1 taza de crema batida o espesa

Sal y pimienta negra recién molida

1 libra de fettuccine fresco

¾ de taza de Parmigiano-Reggiano recién rallado

10 hojas de albahaca, apiladas y cortadas en tiras finas

**1.** En una sartén lo suficientemente grande para contener las fettuccine, derrita la mantequilla a fuego medio. Agregue las chalotas y las zanahorias y cocine, revolviendo ocasionalmente, cinco minutos o hasta que se ablanden.

**2.** Hierva al menos 4 litros de agua en una olla grande. Agrega sal al gusto. Agrega el brócoli y los espárragos y cocina por 1 minuto. Con una espumadera, saca las verduras y escúrrelas bien, dejando el agua hirviendo en la olla.

**3.** Ponga el brócoli y los espárragos en la sartén junto con los guisantes y la crema. Llevar a fuego lento. Sazone al gusto con sal y pimienta. Retirar del fuego.

**4.** Ponga el fettuccine en el agua hirviendo y cocine, revolviendo con frecuencia, hasta que la pasta esté al dente, tierna pero firme al morder. Escurre el fettuccine y agrégalo a la sartén. Agrega el queso y mezcla bien. Espolvoree con albahaca y sirva inmediatamente.

# Fettuccine con Crema de Gorgonzola

## Fettuccine con Crema di Gorgonzola

**Rinde de 4 a 6 porciones**

*De todos los quesos azules que se producen en todo el mundo, el gorgonzola es mi favorito. Para su elaboración, la leche de vaca se inocula con esporas de penicilina, lo que le da al queso su color y sabor distintivo. No es demasiado picante y se derrite maravillosamente, por lo que es ideal para salsas. Use un tipo suave de gorgonzola para esta receta.*

2 cucharadas de mantequilla sin sal

8 onzas de gorgonzola dolce, sin cáscara

1 taza de crema batida o espesa

Sal

1 libra de fettuccine fresco

Pimienta negra recién molida

1/2 taza de Parmigiano-Reggiano recién rallado

**1.** En una cacerola mediana, derrita la mantequilla y agregue el gorgonzola. Revuelva a fuego lento hasta que el queso se derrita. Incorpora la crema. Lleve la salsa a fuego lento y cocine 5 minutos o hasta que la salsa esté ligeramente espesa.

**2.** Ponga a hervir al menos 4 litros de agua. Agrega la pasta y la sal al gusto. Revuelva bien. Cocine a fuego alto, revolviendo con frecuencia, hasta que la pasta esté al dente, tierna pero firme al morder. Escurre la pasta, reservando un poco del agua de cocción.

**3.** En un tazón grande para servir caliente, mezcle la pasta con la salsa. Agrega el parmigiano y vuelve a mezclar. Agregue un poco del agua de cocción, si es necesario, para diluir la pasta. Servir inmediatamente.

# Tagliarini con Pesto, Estilo Génova

## Tagliarini al Pesto

**Rinde de 4 a 6 porciones**

*En Liguria, en la primavera, se sirven finas hebras de pasta fresca con pesto mezclado con delgadas judías verdes y patatas nuevas en rodajas. Las verduras llevan el sabor del pesto, cortan algo de su riqueza y añaden textura.*

*La palabra pesto significa machacado, y hay varios otros tipos de salsas pesto, aunque esta es la más conocida.*

1 taza de hojas de albahaca fresca empaquetadas

½ taza de perejil fresco de hoja plana

1/4 taza de piñones

1 diente de ajo

Sal y pimienta negra recién molida al gusto.

⅓ taza de aceite de oliva extra virgen

1 taza de Parmigiano-Reggiano o Pecorino Romano recién rallado

4 papas cerosas medianas, peladas y en rodajas finas

8 onzas de ejotes delgados, cortados en trozos de 1 pulgada

1 libra de tagliarini o fettuccine frescos

2 cucharadas de mantequilla sin sal, a temperatura ambiente

1. En un procesador de alimentos o licuadora, combine la albahaca, el perejil, los piñones, el ajo y una pizca de sal. Picar bien. Con la máquina en funcionamiento, agregue el aceite en un flujo constante y procese hasta que quede suave. Agrega el queso.

2. Ponga a hervir al menos 4 litros de agua. Agrega las papas y las judías verdes. Cocine hasta que estén tiernos, unos 8 minutos. Saque las verduras con una espumadera. Colóquelos en un tazón para servir caliente. Cubra y mantenga caliente.

3. Agrega la pasta al agua hirviendo y revuelve bien. Cocine a fuego alto, revolviendo con frecuencia, hasta que la pasta esté al dente, tierna pero firme al morder. Escurre la pasta, reservando un poco del agua de cocción.

4. Agregue la pasta, el pesto y la mantequilla al tazón para servir con las verduras. Mezcle muy bien, agregando un poco del agua de cocción si la pasta parece seca. Servir inmediatamente.

# Fettuccine con Alcachofas

## Fettuccine con Carciofi

**Rinde de 4 a 6 porciones**

*Los carros cargados de alcachofas aparecen en los mercados al aire libre de toda Roma en primavera. Sus largos tallos y hojas todavía están adheridos, lo que ayuda a evitar que se sequen. Los cocineros romanos saben que los tallos son tan sabrosos como los corazones de alcachofa. Solo necesitan pelar y se pueden cocinar junto con las alcachofas o picar para un relleno.*

3 alcachofas medianas

1/4 taza de aceite de oliva

1 cebolla pequeña finamente picada

1/4 taza de perejil fresco picado

1 diente de ajo finamente picado

Sal y pimienta negra recién molida al gusto.

1/2 taza de vino blanco seco

1 libra de fettuccine fresco

Aceite de oliva virgen extra

1. Corta la parte superior de 1/2 a 3/4 de pulgada de las alcachofas con un cuchillo grande y afilado. Enjuague las alcachofas con agua fría, abriendo las hojas. Evite las pequeñas espinas en las puntas restantes de las hojas. Inclínese hacia atrás y corte todas las hojas de color verde oscuro hasta llegar al cono amarillento pálido de hojas tiernas en el centro de la alcachofa. Pele la piel exterior dura alrededor de la base y los tallos. Deje los tallos adheridos a la base; recorte los extremos de los tallos. Corta las alcachofas por la mitad a lo largo y saca las ahogadas peludas con una cuchara. Cortar las alcachofas en rodajas finas a lo largo.

2. Vierta el aceite en una cacerola lo suficientemente grande para contener la pasta cocida. Agregue la cebolla, el perejil y el ajo y cocine a fuego medio hasta que la cebolla esté dorada, unos 15 minutos.

3. Agregue rodajas de alcachofa, vino y sal y pimienta al gusto. Tape y cocine hasta que las alcachofas estén tiernas al pincharlas con un tenedor, aproximadamente 10 minutos.

4. Ponga a hervir al menos 4 litros de agua. Agrega 2 cucharadas de sal, luego la pasta. Revuelva bien. Cocine a fuego alto,

revolviendo con frecuencia, hasta que la pasta esté al dente, tierna pero firme al morder. Escurre la pasta, reservando un poco del agua de cocción. Agrega la pasta a la sartén con las alcachofas.

5. Agregue un chorrito de aceite de oliva extra virgen y un poco del agua de cocción reservada si la pasta parece seca. Mezcle bien. Servir inmediatamente.

# Fettuccine con Filetes de Tomate

## Fettuccine al Filetto di Pomodoro

**Rinde de 4 a 6 porciones**

*Tiras de tomates maduros pelados cocidos hasta que apenas estén tiernos son maravillosos con fettuccine fresco. Los tomates conservan todo su sabor dulce y fresco en esta salsa suave.*

4 cucharadas de mantequilla sin sal

1/4 taza de cebolla finamente picada

1 libra de tomates pera, pelados y sin semillas y cortados en tiras de 1/2 pulgada

6 hojas frescas de albahaca

Sal al gusto

1 libra de fettuccine fresco

Parmigiano-Reggiano recién rallado

1. En una sartén grande, caliente 3 cucharadas de mantequilla a fuego medio-bajo hasta que se derrita. Agregue la cebolla y cocine hasta que esté dorada, aproximadamente 10 minutos.

**2.** Agrega los filetes de tomate, las hojas de albahaca y un par de pizcas de sal. Cocine hasta que los tomates estén tiernos, aproximadamente de 5 a 10 minutos.

**3.** Ponga a hervir al menos 4 litros de agua. Agrega 2 cucharadas de sal, luego la pasta. Revuelva bien. Cocine a fuego alto, revolviendo con frecuencia, hasta que la pasta esté al dente, tierna pero firme al morder. Escurre la pasta, reservando un poco del agua de cocción.

**4.** Agregue el fettuccine a la sartén junto con la cucharada restante de mantequilla. Mezcle bien. Agregue un poco del agua de cocción si la pasta parece seca. Sirve inmediatamente con el queso.

# Fettuccine con mil hierbas

## Fettuccine alle Mille Erbe

**Rinde de 4 a 6 porciones**

*Esta es una de mis pastas de verano favoritas, una que me encanta hacer cuando las hierbas de mi jardín están en plena floración y los tomates están perfectamente maduros. La receta proviene de la Locanda dell'Amorosa, un restaurante y posada ubicado en Sinalunga en Toscana. Allí usaron stracci, que significa "andrajoso", una forma de pasta similar a la pappardelle cortada con una rueda de pastelería estriada para que los bordes queden dentados. Los fettuccine son un buen sustituto.*

*Hay mucho que picar para hacer esta salsa, pero se puede hacer mucho antes de servir. No sustituya las frescas por hierbas secas. Su sabor sería demasiado agresivo en esta pasta. Cuantas más variedades de hierbas use, más complejo será el sabor, pero incluso si no usa todas las variedades enumeradas, seguirá siendo delicioso.*

- 1/4 taza de perejil italiano picado

- 1/4 taza de albahaca fresca picada

- 1/4 taza de estragón fresco picado

2 cucharadas de menta fresca picada

2 cucharadas de mejorana fresca picada

2 cucharadas de tomillo fresco picado

8 hojas de salvia fresca, finamente picadas

1 ramita de romero fresco, finamente picado

1/3 taza de aceite de oliva extra virgen

Sal y pimienta negra recién molida

1 libra de fettuccine fresco

1/2 taza de Pecorino Romano recién rallado

2 tomates maduros medianos, pelados, sin semillas y picados

1. En un tazón lo suficientemente grande como para contener todos los ingredientes, combine las hierbas, el aceite de oliva y la sal y pimienta al gusto. Dejar de lado.

2. Ponga a hervir al menos 4 litros de agua. Agregue 2 cucharadas de sal, luego la pasta Revuelva bien. Cocine a fuego alto, revolviendo con frecuencia, hasta que la pasta esté al dente, tierna pero firme al morder. Escurre la pasta, reservando un poco del agua de cocción.

**3.** Agregue la pasta al tazón con la mezcla de hierbas y mezcle bien. Agrega el queso y vuelve a mezclar. Esparcir los tomates sobre la pasta y servir de inmediato.

# Fettuccine con Salchicha y Nata

## Fettuccine con Salsiccia

**Rinde de 4 a 6 porciones**

*Los pimientos rojos asados, los trozos de salchicha y los guisantes verdes se enredan entre los cremosos fettuccine para obtener un gran sabor en cada bocado de esta receta de Emilia-Romaña. Intente encontrar salchichas de cerdo carnosas sin muchas especias para esta receta.*

8 onzas de salchichas de cerdo italianas, sin tripas

1 taza de crema batida o espesa

1/2 taza de pimientos rojos asados, escurridos y cortados en cubitos

1/2 taza de chícharos frescos o congelados

1 cucharada de perejil fresco picado

Sal y pimienta negra recién molida

1 libra de fettuccine fresco

1/2 taza de Parmigiano-Reggiano recién rallado

**1.** Caliente una sartén grande a fuego medio. Agregue la salchicha y cocine, revolviendo con frecuencia para romper los grumos, hasta que ya no esté rosada, aproximadamente 5 minutos. Retirar la carne a una tabla de cortar, dejar enfriar un poco y luego picar finamente.

**2.** Limpia la sartén. Vierta la nata y la salchicha picada en la sartén y déjela hervir a fuego lento. Agregue los pimientos asados, los guisantes, el perejil y la sal y pimienta al gusto. Cocine 3 minutos o hasta que los guisantes estén tiernos. Apaga el fuego.

**3.** Ponga a hervir al menos 4 litros de agua. Agrega 2 cucharadas de sal, luego la pasta. Revuelva bien. Cocine a fuego alto, revolviendo con frecuencia, hasta que la pasta esté al dente, tierna pero firme al morder. Escurre la pasta, reservando un poco del agua de cocción.

**4.** Mezcle la pasta en la sartén con la salsa. Agrega el queso y vuelve a mezclar. Agregue un poco del agua de cocción, si es necesario. Servir inmediatamente.

# Pasta Verde y Blanca con Salchicha y Nata

## Paglia e Fieno

**Rinde de 4 a 6 porciones**

*Paglia e Fieno se traduce literalmente como "paja y heno", el nombre caprichoso en Emilia-Romagna para este plato de finos fideos verdes y blancos cocinados juntos. Por lo general, se visten con una salsa cremosa de salchicha.*

2 cucharadas de mantequilla sin sal

8 onzas de salchicha de cerdo italiana, sin tripas y picada finamente

1 taza de crema espesa

½ taza de chícharos frescos o congelados

Sal

1/2 libra de tagliarini de huevo fresco

1/2 libra de tagliarini de espinacas frescas

Pimienta negra recién molida

½ taza de Parmigiano-Reggiano recién rallado

1. En una sartén lo suficientemente grande para contener la pasta cocida, derrita la mantequilla a fuego medio. Agregue la carne de salchicha y cocine, revolviendo con frecuencia, solo hasta que la carne ya no esté rosada, aproximadamente 5 minutos. No se dore.

2. Agregue la crema y los guisantes y cocine a fuego lento. Cocine 5 minutos o hasta que la crema esté ligeramente espesa. Retirar del fuego.

3. Ponga a hervir al menos 4 litros de agua. Agrega 2 cucharadas de sal, luego la pasta. Revuelva bien. Cocine a fuego alto, revolviendo con frecuencia, hasta que la pasta esté al dente, tierna pero firme al morder. Escurre la pasta, reservando un poco del agua de cocción.

4. Agrega la pasta a la mezcla de salchichas. Agregue un generoso molido de pimienta negra y el queso y mezcle bien. Servir inmediatamente.

# Fettuccine con Puerros y Fontina

## Fettuccine con Porri e Fontina

**Rinde de 4 a 6 porciones**

*El mejor queso fontina proviene del Valle de Aosta, en el noroeste de Italia. Tiene una textura cremosa y un sabor terroso que recuerda a la trufa. Es un queso perfecto para comer y se derrite bien.*

4 puerros medianos

1/2 taza de agua

2 cucharadas de mantequilla sin sal

Sal

1/4 taza de crema espesa

4 onzas de prosciutto italiano importado en rodajas, cortado transversalmente en tiras finas

Pimienta negra recién molida

1 libra de fettuccine fresco

1 taza de Fontina Valle d'Aosta o Asiago rallada

1. Recorta las puntas verdes y las raíces de los puerros. Córtelos por la mitad a lo largo y enjuague bien con agua corriente fría, eliminando la arena de entre las capas. Escurrir los puerros y cortarlos en rodajas finas transversales. Debe haber alrededor de 3 1/2 tazas de puerros en rodajas.

2. En una sartén lo suficientemente grande para contener la pasta, combine los puerros, el agua, la mantequilla y la sal al gusto. Lleve el agua a fuego lento y cocine a fuego lento hasta que los puerros estén tiernos y ligeramente translúcidos y la mayor parte del líquido se haya evaporado, aproximadamente 30 minutos.

3. Agregue la crema y cocine a fuego lento 2 minutos más o hasta que espese un poco. Agrega el prosciutto y un poco de pimienta. Retire la salsa del fuego.

4. Ponga a hervir al menos 4 litros de agua. Agrega 2 cucharadas de sal, luego la pasta. Revuelva bien. Cocine a fuego alto, revolviendo con frecuencia, hasta que la pasta esté al dente, tierna pero firme al morder. Escurre la pasta, reservando un poco del agua de cocción.

**5.** Agregue la pasta a la sartén con la salsa y mezcle bien. Agregue un poco de agua de cocción si la pasta parece seca. Agrega la fontina, revuelve y sirve.

# Fettuccine con Champiñones y Prosciutto

## Fettuccine con Funghi y Prosciutto

**Rinde de 4 a 6 porciones**

*El prosciutto normalmente se corta en rodajas finas como el papel, pero cuando lo agrego a un plato cocido, a menudo prefiero que la carne se corte en una sola rebanada gruesa, que luego corto en tiras estrechas. Mantiene mejor su forma y no se cocina demasiado cuando se expone al calor.*

4 cucharadas de mantequilla sin sal

1 paquete (10 onzas) de champiñones, en rodajas finas

1 taza de guisantes congelados, parcialmente descongelados

Sal y pimienta negra recién molida

4 onzas de prosciutto italiano importado, en una rebanada de aproximadamente 1/4 de pulgada de grosor, cortado transversalmente en tiras finas

1 libra de fettuccine fresco

1/2 taza de crema espesa

½ taza de Parmigiano-Reggiano recién rallado

**1.** En una sartén lo suficientemente grande para contener todos los ingredientes, derrita la mantequilla a fuego medio. Agregue los champiñones y cocine, revolviendo ocasionalmente, hasta que el jugo de los champiñones se evapore y los champiñones comiencen a dorarse, aproximadamente 10 minutos.

**2.** Agrega los guisantes. Espolvoree con sal y pimienta y cocine 2 minutos. Agrega el prosciutto y apaga el fuego. Cubra para mantener el calor.

**3.** Ponga a hervir al menos 4 litros de agua. Agrega 2 cucharadas de sal, luego la pasta. Revuelva bien. Cocine a fuego alto, revolviendo con frecuencia, hasta que la pasta esté al dente, tierna pero firme al morder. Escurre la pasta, reservando un poco del agua de cocción.

**4.** Transfiera la pasta a la sartén con las verduras y el jamón serrano. Enciende el fuego a alto. Agregue la crema y el queso y revuelva nuevamente. Agregue un poco de agua de cocción si la pasta parece seca. Servir inmediatamente.

# Tagliatelle de verano

## Tagliatelle Estiva

**Rinde de 4 a 6 porciones**

*Todo en esta pasta es dulce y fresco, desde los discos de calabacín pequeños y frescos, hasta el soleado sabor maduro de los tomates, hasta el suave y cremoso sabor del queso ricotta salata. Esta forma de ricotta prensada, firme y seca se utiliza tanto como queso de mesa como para rallar. Sustituya un pecorino suave o Parmigiano-Reggiano si no puede encontrar este tipo de ricotta.*

1 cebolla pequeña picada

1/4 taza de aceite de oliva

3 calabacines muy pequeños, cortados en discos de 1/4 de pulgada

Sal

2 tazas de tomates uva, cortados por la mitad a lo largo

1 taza de hojas de albahaca cortadas

1 libra de fettuccine de espinacas frescas

1/2 taza de ricotta salata rallada

**1.** En una sartén grande, cocine la cebolla en el aceite a fuego medio durante 5 minutos. Agrega el calabacín y la sal al gusto. Cocine 5 minutos o hasta que se ablande. Agregue los tomates y cocine 5 minutos más o hasta que los calabacines estén tiernos. Agrega la mitad de la albahaca y apaga el fuego.

**2.** Mientras tanto, hierva al menos 4 litros de agua. Agrega 2 cucharadas de sal, luego la pasta. Revuelva bien. Cocine, revolviendo con frecuencia, hasta que la pasta esté al dente, tierna pero firme al morder.

**3.** Escurre la pasta y mézclala con la salsa. Agregue el queso y la 1/2 taza restante de albahaca y mezcle nuevamente. Servir inmediatamente.

# Fettuccine con salsa de setas y anchoas

## Fettuccine al Funghi

**Rinde de 4 a 6 porciones**

*Incluso aquellos que normalmente no disfrutan de las anchoas apreciarán el impulso de sabor que le dan a esta salsa. Su presencia no es obvia; las anchoas se funden con la salsa.*

2 dientes de ajo grandes, finamente picados

1/3 taza de aceite de oliva

12 onzas de champiñones blancos o marrón-blancos, en rodajas muy finas

Sal y pimienta negra recién molida

1/2 taza de vino blanco seco

6 filetes de anchoa picados

2 tomates frescos grandes, pelados, sin semillas y picados, o 1 1/2 tazas de tomates italianos importados enlatados picados, con su jugo

1 libra de fettuccine fresco

1/4 taza de perejil fresco picado

2 cucharadas de mantequilla sin sal

1. En una sartén lo suficientemente grande para contener toda la pasta, cocine el ajo en el aceite a fuego medio durante 1 minuto.

2. Agregue los champiñones y cocine, revolviendo con frecuencia, hasta que el líquido se evapore y los champiñones comiencen a dorarse, aproximadamente 10 minutos. Agregue el vino y cocine a fuego lento.

3. Agrega las anchoas y los tomates. Reduzca el fuego a bajo y cocine 10 minutos.

4. Ponga a hervir al menos 4 litros de agua. Agrega 2 cucharadas de sal, luego la pasta. Revuelva bien. Cocine a fuego alto, revolviendo con frecuencia, hasta que la pasta esté al dente, tierna pero firme al morder. Escurre la pasta, reservando un poco del agua de cocción.

5. Transfiera la pasta a la sartén con la salsa y mezcle bien con el perejil. Agregue la mantequilla y mezcle nuevamente, agregando un poco del agua de cocción si es necesario. Servir inmediatamente.

# Fettuccine con vieiras

## Fettuccine con Canestrelli

**Rinde de 4 a 6 porciones**

*Yo suelo hacer esta pasta con vieiras grandes. Son regordetas y dulces y están disponibles todo el año. Las vieiras más pequeñas, disponibles principalmente en el noreste durante el verano, también son excelentes. No las confundas con las insípidas vieiras de calicó que provienen de aguas cálidas. A veces se hacen pasar por vieiras, aunque generalmente son mucho más pequeñas y carecen de sabor. Las vieiras miden alrededor de media pulgada de diámetro, con un color blanco cremoso, mientras que los calicos miden alrededor de un cuarto de pulgada de tamaño y son muy blancos.*

4 dientes de ajo grandes, finamente picados

1/4 taza de aceite de oliva

1 libra de vieiras de mar, cortadas en trozos de 1/2 pulgada, o vieiras de laurel, dejadas enteras

Pizca de pimiento rojo triturado

Sal

1 tomate maduro grande, sin semillas y cortado en cubitos

2 tazas de hojas frescas de albahaca, cortadas en 2 o 3 trozos

1 libra de fettuccine fresco

**1.** En una sartén lo suficientemente grande para contener toda la pasta, cocine el ajo en el aceite a fuego medio hasta que el ajo esté ligeramente dorado, aproximadamente 2 minutos. Agregue las vieiras, la pimienta y la sal al gusto. Cocine hasta que las vieiras estén opacas, aproximadamente 1 minuto.

**2.** Agrega el tomate y la albahaca. Cocine 1 minuto hasta que la albahaca esté ligeramente blanda. Retire la sartén del fuego.

**3.** Ponga a hervir al menos 4 litros de agua. Agrega 2 cucharadas de sal, luego la pasta. Revuelva bien. Cocine a fuego alto, revolviendo con frecuencia, hasta que la pasta esté al dente, tierna pero firme al morder. Escurre la pasta, reservando un poco del agua de cocción.

**4.** Agrega la pasta a la sartén. Mezcle bien, agregando un poco del agua de cocción si es necesario. Servir inmediatamente.

# Tagliarini con Camarones y Caviar

## Tagliarini al Gamberi e Caviale

**Rinde de 4 a 6 porciones**

*El caviar de salmón color coral es un delicioso contrapunto a la dulzura de los camarones y la salsa cremosa de esta pasta. Se me ocurrió esta receta hace varios años para una fiesta de Nochevieja italiana para el Washington Post.*

12 onzas de camarones medianos, pelados y desvenados, cortados en trozos de 1/2 pulgada

1 cucharada de mantequilla sin sal

2 cucharadas de vodka o ginebra

1 taza de crema espesa

Sal y pimienta blanca recién molida

2 cucharadas de cebolla verde muy finamente picada

1 1/2 cucharadita de ralladura de limón fresco

1 libra de tagliarini frescos

3 onzas de caviar de salmón

**1.** En una sartén lo suficientemente grande para contener toda la pasta, derrita la mantequilla a fuego medio. Agregue los camarones y cocine, revolviendo, hasta que estén rosados y casi cocidos, aproximadamente 2 minutos. Con una espumadera, retire los camarones a un plato.

**2.** Agrega el vodka a la sartén. Cocine, revolviendo, hasta que el líquido se evapore, aproximadamente 1 minuto. Agrega la nata y deja hervir a fuego lento. Cocine hasta que la crema se espese un poco, aproximadamente un minuto más. Agrega los camarones y una pizca de sal y pimienta. Agrega la cebolla verde y la ralladura de limón. Retirar del fuego.

**3.** Ponga a hervir al menos 4 litros de agua. Agrega 2 cucharadas de sal, luego la pasta. Cocine, revolviendo con frecuencia, hasta que la pasta esté al dente, tierna pero firme al morder. Escurre la pasta, reservando un poco del agua de cocción.

**4.** Vierta la pasta en la sartén con la salsa y mezcle bien a fuego medio. Agregue un poco del agua de cocción si la pasta parece seca. Divide la pasta entre los platos. Cubra cada porción con una cucharada de caviar y sirva inmediatamente.

## Pasta crujiente con garbanzos, estilo Puglia

## Ceci e Tria

**Rinde 4 porciones**

*Las tiras cortas de pasta fresca a veces se llaman tria en Puglia y en otras partes del sur de Italia. En el siglo X, el gobernante normando de Sicilia, Roger II, hizo que un geógrafo árabe preparara un estudio de su reino. El geógrafo, al-Idrisi, escribió que vio a la gente haciendo comida con harina en forma de hilos que llamaban con la palabra árabe para hilo, itriyah. La forma abreviada, tria, todavía se usa.*

*Los tria son tan anchos como los fettuccine, pero se cortan en longitudes de 3 pulgadas. La pasta de esta receta recibe un tratamiento inusual: la mitad se hierve de la forma habitual, pero la otra mitad se fríe hasta que quede crujiente, como los fideos que se encuentran en los restaurantes chinos. Los dos se combinan en una sabrosa salsa de garbanzos. Esta es una receta tradicional de la parte sur de Puglia, cerca de Lecce. No se parece a ninguna otra receta de pasta que haya probado en Italia.*

3 cucharadas más 1/2 taza de aceite de oliva

1 cebolla pequeña picada

1 costilla de apio picada

1 diente de ajo finamente picado

1 1/2 tazas de garbanzos cocidos o enlatados, escurridos

1 taza de tomate pelado, sin semillas y picado

2 cucharadas de perejil fresco de hoja plana finamente picado

2 tazas de agua

Sal y pimienta negra recién molida

12 onzas de fettuccine fresco, cortado en trozos de 3 pulgadas

1. En una cacerola grande combine las 3 cucharadas de aceite de oliva y la cebolla, el apio y el ajo. Cocine a fuego medio hasta que se ablanden, unos 5 minutos. Agrega los garbanzos, el tomate, el perejil y el agua. Sazone al gusto con sal y pimienta. Deje hervir a fuego lento y cocine 30 minutos.

2. Coloca una bandeja cubierta con toallas de papel. En una sartén grande, caliente la 1/2 taza de aceite restante a fuego medio. Agregue una cuarta parte de la pasta y cocine, revolviendo, hasta que se ampolle y comience a dorarse ligeramente,

aproximadamente 4 minutos. Retirar la pasta con una espumadera y escurrir en la bandeja. Repite con otro cuarto de la pasta.

**3.** Ponga a hervir al menos 4 litros de agua. Agrega 2 cucharadas de sal, luego el resto de la pasta. Revuelva bien. Cocine a fuego alto, revolviendo con frecuencia, hasta que la pasta esté al dente, tierna pero firme al morder. Escurre la pasta, reservando un poco del agua de cocción.

**4.** Revuelva la pasta hervida en la salsa hirviendo. Agregue un poco del agua de cocción si la pasta parece seca. Debe parecerse a una sopa espesa.

**5.** Agregue la pasta frita a la sartén y revuelva. Servir inmediatamente.

# Tagliarini con ragú de chocolate abruzzese

## Pasta Abruzzese al Cioccolato Amaro

**Rinde de 4 a 6 porciones**

*Adapté esta receta de una que mi amigo Al Bassano me dijo que había obtenido de un sitio web en italiano. Estaba intrigado porque nunca antes había visto ni probado nada parecido. No podía esperar para probarlo y no me decepcionó. Una pequeña cantidad de chocolate y canela agrega una sutil riqueza a la salsa.*

*La receta original requería servir el ragù con chitarrina, una pasta de huevo al estilo típicamente abruzzese hecha en un dispositivo conocido como chitarra o "guitarra". La guitarra en este caso es un marco de madera simple ensartado con una fila de cuerdas de guitarra. Se coloca una hoja de masa de pasta fresca sobre las cuerdas y se enrolla un rodillo sobre la masa. Las cuerdas tensas cortan la masa en hebras cuadradas como espaguetis. Los tagliarini son un buen sustituto de la chitarrina.*

1 cebolla mediana, finamente picada

1/4 taza de aceite de oliva

8 onzas de carne de cerdo molida

Sal y pimienta negra recién molida

1/2 taza de vino tinto seco

1 taza de puré de tomate

1/4 taza de pasta de tomate

1 taza de agua

1 cucharada de chocolate agridulce picado

1/2 cucharadita de azúcar

Pizca de canela molida

1 libra de tagliarini frescos

1. En una cacerola mediana, cocine la cebolla en el aceite a fuego medio hasta que la cebolla esté tierna y dorada, unos 10 minutos. Agrega la carne de cerdo y cocina, desmenuzando la carne con el dorso de una cuchara, hasta que se dore un poco. Sazone con sal y pimienta al gusto.

2. Agregue el vino y deje hervir a fuego lento. Cocine hasta que la mayor parte del vino se haya evaporado.

**3.** Agregue el puré de tomate, la pasta de tomate y el agua. Baje el fuego a bajo y cocine 1 hora, revolviendo ocasionalmente, hasta que la salsa esté espesa.

**4.** Agrega el chocolate, el azúcar y la canela hasta que el chocolate se derrita. Gusto por condimentar.

**5.** Ponga a hervir al menos 4 litros de agua. Agrega 2 cucharadas de sal, luego la pasta. Revuelva bien. Cocine a fuego alto, revolviendo con frecuencia, hasta que la pasta esté al dente, tierna pero firme al morder. Escurre la pasta, reservando un poco del agua de cocción.

**6.** En un tazón grande para servir caliente, mezcle la pasta con la salsa. Agregue un poco del agua de cocción reservada si es necesario. Servir inmediatamente.

# Lasaña a la Bolonia

## Lasaña boloñesa

**Rinde de 8 a 10 porciones**

*Esta lasaña de Bolonia en el norte de Italia es completamente diferente de la versión del sur de Italia que sigue esta receta, aunque ambas son clásicas. La versión boloñesa está hecha con lasaña de espinacas teñida de verde en lugar de lasaña de huevo, y el único queso que se usa es Parmigiano-Reggiano, mientras que la versión sureña tiene mozzarella, ricotta y Pecorino Romano. La salsa bechamel blanca cremosa es un ingrediente estándar en la variedad del norte, mientras que la versión del sur contiene mucha más carne. Pruébelos, son igualmente deliciosos.*

- 3 a 4 tazas <u>Ragú a la Bolonia</u>
- 3 tazas <u>Salsa bechamel</u>

1 libra de lasaña de espinacas frescas

Sal

1 1/2 tazas de Parmigiano-Reggiano recién rallado

2 cucharadas de mantequilla sin sal

1. Prepara las dos salsas. Ponga a hervir al menos 4 litros de agua. Prepara un cuenco grande de agua fría. Agrega al agua hirviendo la mitad de la lasaña y 2 cucharadas de sal. Cocine hasta que la pasta esté tierna pero un poco poco cocida. Retire la pasta con una espumadera y colóquela en el agua fría. Cocine las tiras de lasaña restantes de la misma manera. Coloque las hojas de lasaña enfriadas sobre toallas que no suelten pelusa.

2. Unte con mantequilla un molde de 13 × 10 × 2 pulgadas. Reserva las 2 tiras de pasta más bonitas para la capa superior. Reserva 1/2 taza de bechamel y 1/4 taza de queso. Haz una capa de pasta, superponiendo las piezas. Unte con finas capas de bechamel, luego el ragu, luego el queso. Repita las capas, terminando con la pasta. Unte la capa superior con la 1/2 taza de bechamel reservada. Espolvoree con el 1/4 de taza de queso reservado. Salpique con la mantequilla. (Si está preparando la lasaña con anticipación, cubra bien con una envoltura de plástico y refrigere durante la noche).

3. Coloque una rejilla en el centro del horno. Precalienta el horno a 375 ° F. Hornea la lasaña 45 minutos. Si la lasaña se está dorando demasiado, cúbrala sin apretar con papel de aluminio. Hornea 15 minutos más o hasta que la salsa burbujee y un

cuchillo insertado en el centro salga tibio. Deje reposar 15 minutos antes de servir.

# Lasaña napolitana

## Lasaña napolitana

**Rinde de 8 a 10 porciones**

*Siempre que hago lasaña, no puedo evitar pensar en mi fábula infantil italiana favorita, Pentolin delle Lasagne, escrita por A. Rubino y publicada en la sección infantil del periódico Corriere della Sera en 1932. Es la historia de un hombre que siempre llevaba en la cabeza un pentolino di terracotta, una olla de barro para cocinar lasaña. Sintió que lo protegía de los elementos y siempre estaba listo para hacer lasaña en cualquier momento. Como era de esperar, era el mejor fabricante de lasaña en su país de Pastacotta ("pasta cocida"), aunque la gente se riera de él por su tonto sombrero. Gracias a su olla de lasaña y un poco de magia, salvó a los ciudadanos de Pastacotta de una hambruna, se convirtió en rey y vivió feliz para siempre, haciendo lasaña todos los domingos para todos en su reino.*

*Esta es la lasaña como la preparaba mi madre y mi abuela antes que ella. Es increíblemente rico, pero absolutamente irresistible.*

Aproximadamente 8 tazas <u>Ragú napolitano</u>, hecho con pequeñas albóndigas

Sal

1 libra de lasaña fresca

2 libras de ricotta entera o parcialmente descremada

1 1/4 tazas de Pecorino-Romano recién rallado

1 libra de mozzarella fresca, en rodajas finas

1. Prepara el ragù. Retire los trozos de carne, las albóndigas y las salchichas de la salsa. Reserva el cerdo y la ternera para otra comida. Cortar las salchichas en rodajas finas y reservarlas con las albóndigas para la lasaña.

2. Coloque algunos paños de cocina que no suelten pelusa sobre una superficie plana. Prepara un cuenco grande de agua fría.

3. Ponga a hervir unos 4 litros de agua. Agrega 2 cucharadas de sal. Agrega la lasaña en pedazos a la vez. Cocine la lasaña hasta que esté tierna pero ligeramente cocida. Saca la pasta del agua. Coloca la pasta cocida en el agua fría. Cuando esté lo suficientemente frío para manipular, coloque las hojas de pasta sobre las toallas. Las toallas se pueden apilar una encima de la otra. Continúe cocinando y enfriando el resto de lasaña de la misma manera.

**4.** En una sartén de 13 × 9 × 2 pulgadas, extienda una capa fina de salsa. Haga una capa de pasta, superponiendo ligeramente las piezas. Unte con 2 tazas de ricotta, luego las albóndigas pequeñas y las salchichas en rodajas, luego la mozzarella. Vierta aproximadamente 1 taza más de salsa y espolvoree con 1/4 de taza de queso rallado.

**5.** Repita las capas, terminando con pasta, salsa y queso rallado. (Si está preparando la lasaña con anticipación, cubra bien con una envoltura de plástico y refrigere durante la noche).

**6.** Coloque una rejilla en el centro del horno. Precalienta el horno a 375 ° F. Hornea la lasaña 45 minutos. Si la lasaña se está dorando demasiado, cúbrala sin apretar con papel de aluminio. Hornee por 15 minutos más o hasta que la parte superior esté dorada y la salsa burbujee por los bordes.

**7.** Retirar la lasaña del horno y dejar reposar 15 minutos. Corta la lasaña en cuadritos y sírvela.

# Lasaña de Espinacas y Champiñones

## Lasaña de Funghi e Spinaci

**Rinde de 8 a 10 porciones**

*Parma es el paraíso para los amantes de la pasta. Envuelto alrededor de deliciosos rellenos, mezclado con salsas o con diferentes ingredientes, la pasta parece ligera como el aire y siempre deliciosa. Este plato se basa en mis recuerdos de una lasaña cremosa celestial que comí en Parma hace muchos años.*

   3 tazas Salsa bechamel

1 libra de espinaca fresca, cortada

Sal

5 cucharadas de mantequilla sin sal

1 cebolla pequeña finamente picada

1⁄2 libras de champiñones, picados

1 libra de lasaña fresca

1⁄2 tazas de Parmigiano-Reggiano recién rallado

**1.** Prepara la bechamel. Luego, coloca las espinacas en una olla grande con 1/2 taza de agua. Añade una pizca de sal. Tape y cocine a fuego medio hasta que las espinacas estén tiernas, unos 5 minutos. Escurre bien las espinacas. Dejar enfriar. Envuelve las espinacas en una toalla y exprímelas para extraer la mayor cantidad de jugo posible. Pica la espinaca y déjala a un lado.

**2.** En una sartén grande, derrita cuatro cucharadas de mantequilla a fuego medio. Agregue la cebolla y cocine, revolviendo ocasionalmente, hasta que se ablande, aproximadamente 5 minutos.

**3.** Agregue los champiñones y la sal y pimienta al gusto. Cocine, revolviendo con frecuencia, hasta que todo el líquido se evapore y los champiñones estén tiernos. Agregue las espinacas cocidas picadas.

**4.** Reserva 1/2 taza de la salsa bechamel. Agrega el resto a la mezcla de verduras.

**5.** Prepara un cuenco grande de agua fría. Coloque algunos paños de cocina que no suelten pelusa sobre una superficie de trabajo.

**6.** Traiga una olla grande con agua a hervir. Agrega 2 cucharadas de sal. Agrega la lasaña en pedazos a la vez. Cocine la lasaña hasta que esté tierna pero ligeramente cocida. Saca la pasta del agua. Coloca la pasta cocida en el agua fría. Cuando esté lo suficientemente frío para manipular, coloque las hojas de pasta sobre las toallas, que se pueden apilar una encima de la otra. Continúe cocinando y enfriando el resto de lasaña de la misma manera.

7. Unte con mantequilla un molde de 13 × 9 × 2 pulgadas. Reserva las 2 tiras de pasta más bonitas para la capa superior. Haga una capa de pasta en la sartén preparada, superponiendo los trozos. Unte con una fina capa de verduras y una pizca de queso. Repita las capas, terminando con la pasta. Unte con la bechamel reservada. Espolvorear con el queso restante. Salpique con la mantequilla restante.

8. Precalienta el horno a 375 ° F. Hornea 45 minutos. Si la lasaña se está dorando demasiado, cúbrala sin apretar con papel de aluminio. Hornee por 15 minutos más o hasta que la parte superior esté dorada y la salsa burbujee alrededor del borde. Retirar del horno y dejar reposar 15 minutos antes de servir. Cortar en cuadritos para servir.

# Lasaña verde

## Lasaña verde

**Rinde de 8 a 10 porciones**

*Los fideos de lasaña verde se cubren con jamón, champiñones, tomates y salsa bechamel. Para hacer esto sin carne, simplemente elimine el jamón.*

3 tazas <u>Salsa bechamel</u>

1 onza de hongos porcini secos

2 tazas de agua caliente

4 cucharadas de mantequilla sin sal

1 cucharada de aceite de oliva

1 diente de ajo finamente picado

12 onzas de champiñones blancos picados

1/2 cucharadita de mejorana seca o tomillo

Sal y pimienta negra recién molida

1 taza de tomates frescos pelados, sin semillas y picados o tomates italianos importados enlatados, escurridos y picados

8 onzas de jamón cocido en rodajas, picado

1 1/4 tazas de Parmigiano-Reggiano recién rallado

1 1/4 libras de lasaña verde

1. Prepara la bechamel. Pon los champiñones secos en el agua y déjalos en remojo 30 minutos. Saca los champiñones del bol y reserva el líquido. Enjuague los hongos con agua corriente fría para quitarles la arena, prestando especial atención a los extremos de los tallos donde se acumula la tierra. Picar los champiñones en trozos grandes. Cuele el líquido de los hongos a través de un filtro de café de papel en un tazón.

2. En una sartén grande, derrita dos cucharadas de mantequilla con el aceite a fuego medio. Agrega el ajo y cocina un minuto. Agregue los champiñones frescos y secos, la mejorana y sal y pimienta al gusto. Cocine, revolviendo ocasionalmente, durante 5 minutos. Agregue los tomates y el líquido de los champiñones reservado y cocine hasta que espese, unos 10 minutos más.

3. Prepara un cuenco grande de agua fría. Coloque algunos paños de cocina que no suelten pelusa sobre una superficie de trabajo.

**4.** Ponga a hervir al menos 4 litros de agua. Agrega 2 cucharadas de sal. Agrega la lasaña en pedazos a la vez. Cocine la lasaña hasta que esté tierna pero ligeramente cocida. Saca la pasta del agua. Coloca la pasta cocida en el agua fría. Cuando esté lo suficientemente frío para manipular, coloque las hojas de pasta sobre las toallas, que se pueden apilar una encima de la otra. Continúe cocinando y enfriando el resto de lasaña de la misma manera.

**5.** Unte con mantequilla un molde de 13 × 9 × 2 pulgadas. Reserva las 2 tiras de pasta más bonitas para la capa superior. Reserva 1/2 taza de bechamel y 1/4 taza de queso. Haz una capa de pasta, superponiendo las piezas. Unte con una fina capa de bechamel, salsa de champiñones, jamón y queso. Repita las capas, terminando con la pasta. Unte con la bechamel reservada. Espolvorear con el queso restante. Salpique con la mantequilla restante.

**6.** Coloque una rejilla en el centro del horno. Precalienta el horno a 375 ° F. Hornea la lasaña 45 minutos. Si la lasaña se está dorando demasiado, cúbrala sin apretar con papel de aluminio. Destape y hornee 15 minutos más o hasta que la parte superior esté dorada y la salsa burbujee por los bordes. Deje reposar 15 minutos antes de servir. Cortar en cuadritos para servir.

# Lasaña Verde con Ricotta, Albahaca y Salsa de Tomate

## Lasaña Verde con Ricotta, Basilico, e Marinara

**Rinde de 8 a 10 porciones**

*Mi abuela siempre hacía la lasaña a la napolitana, pero de vez en cuando nos sorprendía con esta versión sin carne, sobre todo en verano cuando un ragú de carne típico parecía demasiado pesado.*

*Solo pensar en esta lasaña me da hambre. La fragancia de la albahaca, la riqueza del queso y la dulzura de la salsa de tomate es una combinación que encuentro tentadora. También es un plato hermoso, con sus capas de rojo, verde y blanco.*

5 a 6 tazas <u>Salsa marinara</u> o <u>salsa de tomates frescos</u>

Sal y pimienta negra recién molida

1 1⁄4 libras de lasaña verde fresca

2 libras de ricotta fresca parcialmente descremada

1 huevo, ligeramente batido

1 taza de Parmigiano-Reggiano o Pecorino Romano recién rallado

8 onzas de queso mozzarella fresco, en rodajas finas

1 manojo grande de albahaca, apilado y cortado en tiras estrechas

**1.** Prepara la salsa, si es necesario. Luego, tenga listo un cuenco grande de agua fría. Coloque algunos paños de cocina que no suelten pelusa sobre una superficie de trabajo.

**2.** Ponga a hervir al menos 4 litros de agua. Agrega 2 cucharadas de sal. Agrega la lasaña en pedazos a la vez. Cocine la lasaña hasta que esté tierna pero ligeramente cocida. Saca la pasta del agua. Coloca la pasta cocida en el agua fría. Cuando esté lo suficientemente frío para manipular, coloque las hojas de pasta sobre las toallas, que se pueden apilar una encima de la otra. Continúe cocinando y enfriando el resto de lasaña de la misma manera.

**3.** En un bol, bata la ricota, el huevo y la sal y pimienta al gusto.

**4.** En una sartén de 13 × 9 × 2 pulgadas, extienda una capa fina de salsa. Coloque dos de lasaña en la sartén en una sola capa, superponiendo ligeramente. Unte uniformemente con la mitad de la mezcla de ricotta y espolvoree con 2 cucharadas de queso rallado. Coloque un tercio de las rodajas de mozzarella encima.

**5.** Hacer una segunda capa de lasaña y untarla con salsa. Esparcir la albahaca encima. Capa con los quesos como se describe arriba. Repita para una tercera capa. Haga una capa final de lasaña, salsa, mozzarella y queso rallado. (Se puede preparar con anticipación hasta este punto. Cubra con una envoltura de plástico y refrigere varias horas o toda la noche).

**6.** Coloque una rejilla en el centro del horno. Precalienta el horno a 375 ° F. Hornea la lasaña durante 45 minutos. Si la lasaña se está dorando demasiado, cúbrala sin apretar con papel de aluminio. Hornee por 15 minutos más o hasta que la parte superior esté dorada y la salsa burbujee por los bordes. Deje reposar 15 minutos. Cortar en cuadrados y servir.

# Lasaña de berenjena

## Lasaña con la Parmigiana

**Rinde de 8 a 10 porciones**

*Mi amiga Donatella Arpaia, que pasó los veranos de su infancia con su familia en Italia, recuerda a una tía favorita que preparaba lasaña con verduras frescas temprano en la mañana para llevar a la playa para el almuerzo más tarde en el día. La sartén estaba cuidadosamente envuelta en toallas, y el contenido aún estaría caliente cuando se sentaran a comer.*

*Esta versión se parece a la berenjena a la parmesana, con la adición de fideos de lasaña frescos. Es perfecto para un buffet de verano o para vegetarianos.*

2 berenjenas medianas (aproximadamente 1 libra cada una)

Sal

Aceite de oliva

1 cebolla mediana, finamente picada

5 libras de tomates pera frescos, pelados, sin semillas y picados, o 2 latas (28 onzas) de tomates pelados italianos importados, escurridos y picados

Pimienta negra recién molida

2 cucharadas de perejil fresco picado

2 cucharadas de albahaca fresca picada

1 libra de lasaña fresca

1 libra de mozzarella fresca, cortada en cuartos y cortada en rodajas finas

1 taza de Parmigiano-Reggiano recién rallado

1. Recorta las berenjenas y córtalas en rodajas finas. Espolvorea las rodajas con sal y colócalas en un colador sobre un plato. Deje reposar al menos 30 minutos. Enjuague la berenjena en agua fría y séquela.

2. Coloque una rejilla en el centro del horno. Precalienta el horno a 400 ° F. Cepille generosamente las rodajas de berenjena por ambos lados con aceite. Coloca las rodajas en bandejas para hornear grandes. Hornea las berenjenas 30 minutos o hasta que estén tiernas y ligeramente doradas.

3. En una cacerola grande, cocine la cebolla en 1/3 de taza de aceite de oliva a fuego medio, revolviendo, hasta que esté tierna pero no dorada, aproximadamente 10 minutos. Agrega los tomates y sal y pimienta al gusto. Deje hervir a fuego lento y

cocine hasta que espese un poco, aproximadamente de 15 a 20 minutos. Agrega la albahaca y el perejil.

**4.** Coloque algunos paños de cocina que no suelten pelusa sobre una superficie de trabajo. Prepara un cuenco grande de agua fría. Ponga a hervir al menos 4 litros de agua. Agrega 2 cucharadas de sal. Cocine las tiras de lasaña un par de piezas a la vez. Retire las tiras después de un minuto o cuando aún estén firmes. Colóquelos en el recipiente con agua para que se enfríen. Luego, colóquelos sobre las toallas. Repetir, cocinar y enfriar el resto de la pasta de la misma forma; las toallas se pueden apilar una encima de la otra.

**5.** Engrase ligeramente un molde para lasaña de 13 × 9 × 2 pulgadas. Extienda una fina capa de salsa en la sartén.

**6.** Haga una capa de pasta, superponiendo ligeramente las piezas. Unte con una fina capa de salsa, luego rodajas de berenjena, mozzarella y queso rallado. Repita las capas, terminando con pasta, salsa de tomate y queso rallado. (Se puede preparar hasta con 24 horas de anticipación. Cubra con una envoltura de plástico y refrigere. Retire del refrigerador aproximadamente 1 hora antes de hornear).

**7.** Precalienta el horno a 375 ° F. Hornea 45 minutos. Si la lasaña se está dorando demasiado, cúbrala sin apretar con papel de aluminio. Hornee por 15 minutos más o hasta que la parte superior esté dorada y la salsa burbujee por los bordes. Retirar del horno y dejar reposar 15 minutos antes de servir. Cortar en cuadritos para servir.

# Canelones de Ricotta y Jamón

## Canelones al Prosciutto

**Rinde 8 porciones**

*Ricotta significa "recocido". Este queso fresco se elabora en Italia a partir de suero de leche de vaca o de oveja, el líquido acuoso que queda después de hacer un queso firme, como el pecorino. Cuando se calienta el suero, los sólidos residuales se coagulan. Después de escurrir, la cuajada se transforma en el queso de pasta blanda que conocemos como ricotta. Los italianos lo comen como queso de desayuno o postre y en muchos platos de pasta. Se trata de un canelón al estilo del sur de Italia relleno de ricotta y lonchas de prosciutto. Cualquiera de las salsas de tomate se puede utilizar con esta pasta, pero si prefieres un plato más rico, puedes sustituirlo por un ragú de carne.*

1 receta Pasta fresca con huevo, cortado en cuadrados de 4 pulgadas para canelones

> 1 receta (aproximadamente 3 tazas) <u>salsa de tomates frescos</u> o <u>Salsa de tomate toscana</u>

Sal

1 libra de mozzarella fresca

1 recipiente (16 onzas) de ricotta entera o semidescremada

½ taza de prosciutto italiano importado picado (aproximadamente 2 onzas)

1 huevo grande, batido

¾ de taza de Parmigiano-Reggiano recién rallado

Pimienta negra recién molida

1. Prepara la pasta y la salsa. Coloque algunos paños de cocina que no suelten pelusa sobre una superficie plana. Prepara un cuenco grande de agua fría. Ponga a hervir unos 4 litros de agua. Agrega sal al gusto. Agregue los cuadrados de pasta unos trozos a la vez. Cocine la pasta hasta que esté tierna pero un poco poco cocida. Saca la pasta del agua y colócala en el agua fría. Cuando esté lo suficientemente frío para manipular, coloque las hojas de pasta sobre las toallas, que se pueden apilar una encima de la otra. Continúe cocinando y enfriando la pasta restante de la misma manera.

2. En un tazón grande, combine la mozzarella, ricotta, prosciutto, huevo y 1/2 taza de Parmigiano. Mezclar bien y agregar sal y pimienta al gusto.

3. Coloque una capa fina de salsa en el fondo de una fuente para hornear grande. Extienda aproximadamente 2 cucharadas del

relleno en un extremo de cada cuadrado de pasta. Enrolle la pasta, comenzando por el extremo relleno, y coloque los rollos boca abajo en la sartén preparada.

**4.** Vierta una fina capa de salsa sobre la pasta. Espolvorea con el Parmigiano restante.

**5.** Coloque una rejilla en el centro del horno. Precalienta el horno a 375 ° F. Hornee por 30 minutos o hasta que la salsa burbujee y los quesos se derrita. Servir caliente.

# Canelones de Ternera y Espinacas

## Canelones de Vitello e Spinaci

**Rinde 8 porciones**

*Los canelones siempre parecen tan elegantes, pero son una de las pastas rellenas más fáciles de hacer en casa. Esta versión clásica de Piamonte se elabora típicamente con sobras de ternera asada o guisada. Esta es mi versión de una receta de Giorgio Rocca, propietario de Il Giardino da Felicin, una acogedora posada y restaurante en Monforte d'Alba.*

3 a 4 tazas Salsa bechamel

1 libra de espinaca fresca

2 cucharadas de mantequilla sin sal

2 libras de ternera deshuesada, cortada en trozos de 2 pulgadas

2 zanahorias medianas, picadas

1 costilla de apio tierna, picada

1 cebolla mediana picada

1 diente de ajo finamente picado

Sal y pimienta negra recién molida

Una pizca de nuez moscada recién molida

1 1/2 tazas de Parmigiano-Reggiano recién rallado

1 1/2 libras Pasta fresca con huevo, cortado en cuadrados de 4 pulgadas para canelones

1. Prepara la bechamel.

2. Pon las espinacas en una olla grande a fuego medio con 1/4 de taza de agua. Tape y cocine de 2 a 3 minutos o hasta que se ablanden y estén tiernos. Escurrir y enfriar. Envuelva las espinacas en un paño sin pelusa y exprima la mayor cantidad de agua posible. Pica finamente las espinacas.

3. En una sartén grande, derrita la mantequilla a fuego medio-bajo. Agrega la ternera, las zanahorias, el apio, la cebolla y el ajo. Sazone al gusto con sal y pimienta y una pizca de nuez moscada. Tape y cocine, revolviendo ocasionalmente, hasta que la carne esté muy tierna, aproximadamente 1 hora. Si la carne se seca, agregue un poco de agua. Dejar enfriar. En una tabla de cortar con un cuchillo grande, o en un robot de cocina, pique la mezcla muy fina. Coloque la carne y las espinacas en un bol y agregue 1

taza de bechamel y 1 taza de parmigiano. Mezclar bien y probar para sazonar.

4. Mientras tanto, prepara la pasta. Coloque algunos paños de cocina que no suelten pelusa sobre una superficie plana. Prepara un cuenco grande de agua fría. Ponga a hervir unos 4 litros de agua. Agrega 2 cucharadas de sal. Agregue los cuadrados de pasta unos trozos a la vez. Cocine la pasta hasta que esté tierna pero un poco poco cocida. Saca la pasta del agua y colócala en el agua fría. Cuando esté lo suficientemente frío para manipular, coloque las hojas de pasta sobre las toallas, que se pueden apilar una encima de la otra. Continúe cocinando y enfriando la pasta restante de la misma manera.

5. Coloque la mitad de la bechamel restante en una capa fina en un molde para hornear grande. Extienda aproximadamente dos cucharadas del relleno en un extremo de cada cuadrado de pasta y enrolle, comenzando desde el extremo relleno. Coloque el rollo de pasta con la costura hacia abajo en el molde preparado. Repita con el resto de la pasta y el relleno, colocando los rollos juntos en la sartén. Vierta la salsa restante y espolvoree con la 1/2 taza restante de Parmigiano. (Se puede preparar hasta con 24 horas de anticipación. Cubra con una envoltura de plástico y

refrigere. Retire del refrigerador aproximadamente 1 hora antes de hornear).

6. Coloque una rejilla en el centro del horno. Precaliente el horno a 375 ° F. Hornea 30 minutos o hasta que los canelones estén bien calientes y ligeramente dorados. Servir caliente.

## Canelones verdes y blancos

### Canelones alla Parmigiana

**Rinde 8 porciones**

*Si visita la región de Emilia-Romagna, asegúrese de hacer una parada en Parma. Esta pequeña y elegante ciudad, cuna del gran director de orquesta Arturo Toscanini, es famosa por su excelente cocina. Muchos de los edificios de la ciudad están pintados de un amarillo soleado, conocido como oro de Parma. Parma tiene muchos buenos restaurantes donde podrá degustar una excelente pasta enrollada a mano, Parmigiano-Reggiano añejo y el mejor vinagre balsámico. Comí estos canelones en Angiol d'Or, un restaurante clásico de Parma.*

1 libra Pasta Fresca De Espinacas, cortado en cuadrados de 4 pulgadas para canelones

    2 tazas <u>Salsa bechamel</u>

8 onzas de espinaca fresca, cortada

Sal

1 libra de ricotta entera o parcialmente descremada

2 huevos grandes, ligeramente batidos

1 1/2 tazas de Parmigiano-Reggiano recién rallado

1/4 de cucharadita de nuez moscada recién rallada

Pimienta negra recién molida

4 onzas de Fontina Valle d'Aosta, rallado grueso

1. Prepare la pasta y la salsa bechamel. Pon las espinacas en una olla grande a fuego medio con 1/4 de taza de agua. Tape y cocine de 2 a 3 minutos o hasta que se ablanden y estén tiernos. Escurrir y enfriar. Envuelva las espinacas en un paño sin pelusa y exprima la mayor cantidad de agua posible. Pica finamente las espinacas.

2. Coloque algunos paños de cocina que no suelten pelusa sobre una superficie plana. Prepara un cuenco grande de agua fría. Ponga a hervir unos 4 litros de agua. Agrega 2 cucharadas de sal. Agregue los cuadrados de pasta unos trozos a la vez. Cocine la pasta hasta que esté tierna pero un poco poco cocida. Saca la pasta del agua y colócala en el agua fría. Cuando esté lo suficientemente frío para manipular, coloque las hojas de pasta sobre las toallas, que se pueden apilar una encima de la otra.

Continúe cocinando y enfriando la pasta restante de la misma manera.

**3.** Mezcle las espinacas, el ricotta, los huevos, 1/2 taza de Parmigiano, la nuez moscada y sal y pimienta al gusto. Agrega la fontina.

**4.** Coloque una rejilla en el centro del horno. Precalienta el horno a 375 ° F. Unte con mantequilla una fuente para hornear de 13 × 9 × 2 pulgadas.

**5.** Extienda aproximadamente 1/4 de taza del relleno en un extremo de cada cuadrado de pasta. Enrolle la pasta, comenzando por el extremo relleno. Coloque los canelones con la costura hacia abajo en la sartén.

**6.** Unta la salsa sobre la pasta. Espolvorea con la 1 taza restante de Parmigiano. Hornee por 20 minutos o hasta que esté ligeramente dorado.

# Canelones con Estragón y Pecorino

## Canelones de Ricotta al Dragoncello

**Rinde 6 porciones**

*El estragón, con su suave sabor a regaliz, no se usa mucho en Italia, excepto ocasionalmente en Umbría y Toscana. El estragón fresco es esencial para esta receta, ya que el estragón seco sería demasiado asertivo. Si no puede encontrar el estragón fresco, sustitúyalo por albahaca fresca o perejil.*

*Estos canelones al estilo de Umbría se elaboran con queso de oveja, como el Pecorino Romano, pero se puede sustituir por Parmigiano-Reggiano. A pesar del queso, las nueces y la pasta, estos canelones parecen ligeros como el aire.*

½ receta (aproximadamente 8 onzas)Pasta fresca con huevo, cortado en cuadrados de 4 pulgadas para canelones

Sal

1 libra de ricotta entera o parcialmente descremada

½ taza de Pecorino Romano recién molido, o sustituto de Parmigiano-Reggiano

1 huevo batido

1 cucharada de estragón o albahaca fresca picada

1/4 de cucharadita de nuez moscada molida

2 cucharadas de mantequilla sin sal

1/4 taza de aceite de oliva extra virgen

1/4 taza de piñones

1 cucharada de estragón o albahaca

Pimienta negra recién molida

2 cucharadas de Pecorino Romano recién rallado

1. Prepara la pasta. Ponga a hervir al menos 4 litros de agua. Agrega la mitad de la pasta y sal al gusto. Revuelva suavemente. Cocine a fuego alto, revolviendo con frecuencia, hasta que la pasta esté tierna pero ligeramente cocida. Use una espumadera para quitar la pasta. Transfiera la pasta a un recipiente con agua fría. Cocine el resto de la pasta de la misma forma.

2. En un tazón grande, mezcle los quesos, el huevo, el estragón y la nuez moscada.

3. Coloque una rejilla en el centro del horno. Precaliente el horno a 350 ° F. Unte con mantequilla una fuente para hornear grande.

4. Escurre algunos de los cuadrados de pasta sobre toallas que no suelten pelusa. Extienda aproximadamente 2 cucharadas del relleno en una línea en uno en un extremo de cada cuadrado de pasta. Enrolle la pasta, comenzando por el extremo relleno, y colóquela con la costura hacia abajo en la sartén. Repita con el resto de la pasta y el relleno.

5. En una cacerola pequeña a fuego medio, derrita la mantequilla con el aceite de oliva. Agregue los piñones, el estragón y la pimienta. Vierta la salsa sobre los canelones. Espolvorea con el queso.

6. Hornea los canelones de 20 a 25 minutos o hasta que la salsa burbujee. Deje reposar 5 minutos antes de servir.

## Ravioles de Queso con Salsa de Tomate Fresco

### Ravioli alla Ricotta

**Rinde 8 porciones**

*Las tiendas de utensilios de cocina venden todo tipo de equipos para hacer ravioles. Tengo un artilugio de metal en forma de bandeja que impresiona las láminas de pasta con una serie de vientres para sostener el relleno, luego se voltea para sellar y cortar los ravioles perfectos en dos tamaños. Tengo bonitos sellos de latón y madera que compré en Parma para recortar cuadrados y círculos. Luego está el inteligente rodillo de madera que corta los ravioles si lo presionas con la fuerza de Hércules, y el cortador de ravioles que vino con mi máquina de pasta de manivela. Aunque los he probado todos, nunca los utilizo. La forma más sencilla de hacer ravioles es a mano con un equipo mínimo. Una rueda de pastelería de borde ondulado les da un bonito borde, aunque también puedes cortarlos con un cuchillo afilado o una rueda de pizza. Puede que no sean perfectos en apariencia, pero eso es parte de su encanto casero,*

Esta es una receta básica para los ravioles rellenos de queso tal como se elaboran en muchas regiones de Italia.

1 libra de ricotta entera o parcialmente descremada

4 onzas de mozzarella fresca, rallada o muy finamente picada

1 huevo grande, batido

1 taza de Parmigiano-Reggiano o Pecorino Romano recién rallado

2 cucharadas de perejil fresco picado

Sal y pimienta negra recién molida al gusto.

    4 tazas <u>salsa de tomates frescos</u>

1 libra Pasta fresca con huevo, estirado y cortado en tiras de 4 pulgadas

1. Mezcle la ricotta, la mozzarella, el huevo, 1/2 taza de parmigiano, el perejil y la sal y pimienta al gusto. Cubra y refrigere.

2. Prepara la salsa y la pasta. Espolvoree 2 o 3 bandejas para hornear grandes con harina. Coloque un tazón pequeño lleno de agua fría.

3. Coloque una tira de la masa sobre una superficie ligeramente enharinada. Dóblalo a lo largo por la mitad para marcar el centro, luego desdóblalo. Comenzando aproximadamente a 1 pulgada de uno de los extremos cortos, coloque cucharaditas del relleno con una separación de aproximadamente 1 pulgada en una fila recta por un lado del pliegue. Cepille ligeramente

alrededor del relleno con agua fría. Doble la masa por el lado con relleno. Exprima las burbujas de aire y selle los bordes. Use una rueda de pastelería estriada o un cuchillo afilado para cortar entre los montículos de relleno cubiertos de masa. Separe los ravioles y presione los bordes firmemente con el dorso de un tenedor para sellar. Coloque los ravioles en una sola capa en una bandeja para hornear.

**4.** Repetir con la masa restante y el relleno. Cubrir con una toalla y refrigerar hasta que esté listo para cocinar, o hasta 3 horas, volteando las piezas varias veces para que no se peguen a la sartén. (Para almacenarlos por más tiempo, congele los ravioles en las bandejas para hornear hasta que estén firmes. Colóquelos en una bolsa de plástico resistente y ciérrelos herméticamente. Guárdelos en el congelador hasta por un mes. No los descongele antes de cocinar).

**5.** Justo antes de servir, hierva alrededor de 4 litros de agua en una olla grande. Mientras tanto, en una olla mediana, calienta la salsa a fuego lento. Vierta un poco de salsa en un tazón para servir caliente.

**6.** Baja el fuego debajo de la olla para pasta para que el agua hierva suavemente. Agregue los ravioles y cocine hasta que estén tiernos, de 2 a 5 minutos dependiendo del grosor de los ravioles y si están congelados o no. Saque los ravioles de la olla con una espumadera. Escurrir bien.

7. Coloque los ravioles en el tazón para servir. Vierta la salsa restante. Espolvoree con la 1/2 taza de queso restante y sirva inmediatamente.

## Ravioles de queso y espinacas al estilo de Parma

### Tortelli alla Parmigiana

**Rinde 8 porciones**

*Si bien los ravioles rellenos de ricotta son probablemente los más populares en Italia, una versión similar con verduras cocidas también es una de las favoritas. Las espinacas o acelgas son las verduras más utilizadas, pero también se utilizan escarola, diente de león, hojas de remolacha y borraja, según la región.*

*En esta receta de Parma, el mascarpone se sustituye por algo de ricotta, y la acelga es la típica verde. En un momento, era tradicional servirlos para el día de San Juan, el 21 de junio. Tenga en cuenta que los Parmigiani los llaman tortelli.*

1 libra de espinacas frescas o acelgas, sin tallos

Sal

1 taza de ricotta entera o semidescremada

1 taza de mascarpone (o una taza adicional de ricotta)

1 huevo grande, batido

1 taza de Parmigiano-Reggiano recién rallado

Una pizca de nuez moscada recién molida

Pimienta negra recién molida

1 receta Pasta fresca con huevo, estirado y cortado en tiras de 4 pulgadas

8 cucharadas (1 barra) de mantequilla sin sal

1. Coloque las verduras en una olla grande con 1/2 taza de agua y sal al gusto. Tape y cocine a fuego medio-bajo hasta que la verdura esté blanda y tierna, aproximadamente 5 minutos. Escurrir y dejar enfriar. Envuelva las verduras en un paño de cocina que no suelte pelusa o en un trozo de gasa y apriételo con las manos para extraer todo el jugo. Pica finamente las verduras.

2. En un tazón grande, mezcle las verduras picadas, ricotta, mascarpone si lo usa, el huevo, 1/2 taza de queso rallado, nuez moscada y sal y pimienta al gusto.

3. Prepara la pasta. Prepara y cocina los ravioles como se describe en la receta de Ravioles de queso, pasos 2 a 6.

4. Mientras se cocinan los ravioles, derrita la mantequilla a fuego medio. Vierta la mitad de la mantequilla en un tazón para servir. Agrega los ravioles y la mantequilla derretida restante.

**5.** Espolvoree con la 1/2 taza restante de Parmigiano y sirva inmediatamente.

# Ravioles de calabaza de invierno con mantequilla y almendras

## Tortelli di Zucca al Burro e Mandorle

**Rinde 8 porciones**

*En otoño e invierno, cuando las calabazas de invierno abundan en el mercado, los cocineros de Lombardía y Emilia-Romagna preparan estos ravioles ligeramente dulces acentuados con el sabor de almendra de las galletas amaretti. La receta es muy antigua, probablemente se remonta al Renacimiento, cuando los alimentos dulces a menudo aparecían durante una comida en las mesas aristocráticas como un signo de riqueza.*

*Algunas recetas requieren agregar una cucharada de mostarda escurrida y finamente picada (frutas conservadas en un jarabe de mostaza picante) a la mezcla de calabaza. Las almendras tostadas le dan un toque crujiente a la cobertura.*

Aproximadamente 2 libras de calabaza butternut o Hubbard

1 1/4 taza de Parmigiano-Reggiano recién rallado

1/4 taza de galletas amaretti finamente trituradas

1 huevo grande

1/4 de cucharadita de nuez moscada molida

Sal al gusto

1 libra Pasta fresca con huevo, estirado y cortado en tiras de 4 pulgadas

1 barra (4 onzas) de mantequilla sin sal

2 cucharadas de almendras tostadas picadas

1. Coloque una rejilla en el centro del horno. Precalienta el horno a 400 ° F. Engrase una bandeja para hornear pequeña. Corta la calabaza por la mitad y saca las semillas y las fibras. Coloque las mitades con el lado cortado hacia abajo en la sartén. Hornee durante 1 hora o hasta que estén tiernas al pincharlas con un cuchillo. Dejar enfriar.

2. Quite la carne de la piel. Pasar la carne por un molinillo de alimentos con cuchilla fina o hacer puré en un procesador de alimentos o licuadora. Agrega 3/4 de taza de queso, el amaretti, el huevo, la nuez moscada y la sal. Gusto por condimentar.

3. Prepara la pasta. Prepara y cocina los ravioles como se describe en la receta de Ravioles de queso, pasos 2 a 6.

**4.** Mientras se cocinan los ravioles, derrita la mantequilla a fuego medio. Vierta la mitad de la mantequilla en un tazón para servir tibio. Agrega los ravioles y la mantequilla derretida restante. Mézclalos con almendras. Espolvoree con la 1/2 taza de queso restante. Servir inmediatamente.

# Ravioles de Carne con Salsa de Tomate

## Agnolotti en Salsa di Pomodoro

**Rinde de 8 a 10 porciones**

*Los cocineros italianos rara vez comienzan desde cero cuando preparan un relleno de carne para pasta fresca. Por lo general, las sobras de un guiso o asado se pican y se humedecen con los jugos de la carne. Se puede agregar queso, verduras cocidas o pan rallado para extender el relleno, y la mezcla se une con huevos batidos. Como no siempre tengo sobras disponibles para el relleno de ravioles, preparo este guiso fácil como relleno para ravioles.*

    3 tazas Salsa de tomate toscana

2 cucharadas de mantequilla sin sal

1 libra de ternera o ternera molida

1 pechuga de pollo deshuesada y sin piel, cortada en trozos de 1 pulgada

1 cebolla mediana picada

1 zanahoria mediana, picada

1 costilla de apio pequeña, picada

1 diente de ajo finamente picado

Sal y pimienta negra recién molida

1/2 taza de vino blanco seco

1 taza de Parmigiano-Reggiano o Pecorino Romano

2 yemas de huevo grandes

1 libra Pasta fresca con huevo, estirado y cortado en tiras de 4 pulgadas

1. Prepara la salsa. Luego, derrita la mantequilla en una sartén grande a fuego medio. Agregue la carne y el pollo y cocine hasta que la carne pierda su color rosa, rompiendo los grumos de carne molida con una cuchara.

2. Agrega la cebolla, la zanahoria, el apio y el ajo. Cocine durante 10 minutos, revolviendo con frecuencia, o hasta que las verduras se ablanden. Sazone al gusto con sal y pimienta.

3. Agregue el vino y cocine a fuego lento 1 minuto. Tape la sartén y reduzca el fuego a bajo. Cocine 1 hora y media o hasta que la carne esté muy tierna. Agregue un poco de agua a la sartén si la mezcla se seca demasiado. Retirar del fuego y dejar enfriar.

4. Raspe la mezcla de carne en un procesador de alimentos o una picadora de alimentos. Pica o muele la carne hasta que esté

finamente molida, pero no pastosa. Transfiera la mezcla de carne a un tazón.

**5.** Agregue 1/2 taza de queso rallado a la mezcla de carne y mezcle bien. Gusto por condimentar. Agrega las yemas de huevo.

**6.** Prepara la pasta. Prepara y cocina los ravioles como se describe en la receta de<u>Ravioles de queso</u>, pasos 2 a 6. Sirva caliente con la salsa y espolvoree con la 1/2 taza restante de queso.

# Ravioles de salchicha toscana

## Tortelli Casentinese

**Rinde 8 porciones**

Tortelli*es otro nombre para los ravioles que se usa con frecuencia en Toscana y Emilia-Romagna. Estos tortelli, rellenos de salchicha de cerdo, están hechos al estilo de la sección Casentino de la Toscana, una región que también es conocida por sus hermosos productos de lana.*

3 tazas <u>Salsa de tomate toscana</u>

1 diente de ajo, muy finamente picado

2 cucharadas de aceite de oliva

1 libra de salchicha de cerdo italiana sin piel, sin piel

2 huevos grandes

2 cucharadas de pasta de tomate

1 taza de Pecorino Romano recién rallado

¼ de taza de pan rallado seco

2 cucharadas de perejil fresco picado

Una pizca de nuez moscada recién rallada

Sal y pimienta negra recién molida

1 libra Pasta fresca con huevo, estirado y cortado en tiras de 4 pulgadas

1. Prepara la salsa. Luego, en una sartén grande, cocine el ajo en el aceite a fuego medio durante 1 minuto. Agregue la carne de salchicha y cocine, revolviendo con frecuencia, hasta que la carne esté bien cocida. Transfiera la carne de la salchicha a una tabla de cortar y píquela finamente.

2. En un tazón grande, bata los huevos hasta que se mezclen. Batir la pasta de tomate. Agregue la carne de salchicha, 1/2 taza de queso, el pan rallado, la nuez moscada y sal y pimienta al gusto.

3. Prepara la pasta. Prepara y cocina los ravioles como se describe en la receta deRavioles de queso, pasos 2 a 6. Vierta la salsa y sirva inmediatamente con la 1/2 taza de queso rallado restante.

# Ravioles especiados, estilo marchas

## Ravioles Marchegiana

**Rinde 8 porciones**

*Los cocineros de la región de Marche, en la costa del Adriático, son conocidos por su hábil uso de especias en platos salados. Estos ravioles, por ejemplo, elaborados con una variedad de verduras y queso, están aromatizados con ralladura de limón, canela y nuez moscada. Sírvelos con<u>Ragú al estilo de las marchas</u> o un simple <u>Salsa de Mantequilla y Salvia</u>.*

Aproximadamente 4 tazas <u>Ragú al estilo de las marchas</u>

12 onzas de verduras variadas como espinacas, acelgas, achicoria o diente de león

1 taza de ricotta entera o semidescremada

1 huevo grande, batido

1 taza de Parmigiano-Reggiano rallado

1 cucharadita de ralladura de limón

Pizca de nuez moscada rallada

Pizca de canela molida

Sal y pimienta negra recién molida

1 libra Pasta fresca con huevo, estirado y cortado en tiras de 4 pulgadas

1. Prepara el ragù. Luego, coloca las espinacas en una olla grande a fuego medio con 1/4 de taza de agua. Tape y cocine de 2 a 3 minutos o hasta que se ablanden y estén tiernos. Escurrir y enfriar. Envuelva las espinacas en un paño sin pelusa y exprima la mayor cantidad de agua posible. Pica finamente las espinacas.

2. En un tazón grande, mezcle la ricota, el huevo, 1/2 taza de queso, la ralladura de limón, la nuez moscada, la canela y sal y pimienta al gusto.

3. Prepara la pasta. Prepara y cocina los ravioles como se describe en la receta deRavioles de queso, pasos 2 a 6. Transfiera los ravioles a un tazón para servir. Vierta la salsa y sirva inmediatamente con la 1/2 taza de queso restante.

# Ravioles de Champiñones en Mantequilla y Salvia

## Agnolotti ai Funghi

**Rinde 8 porciones**

*La combinación de setas y mejorana es típica de Liguria, donde se origina esta receta. Los champiñones blancos están bien como relleno para estos ravioles, pero para un sabor extra especial, agregue algunos hongos silvestres al relleno.*

3 cucharadas de mantequilla sin sal

1 cucharada de aceite de oliva

1 libra de champiñones frescos, en rodajas finas

1 cucharadita de mejorana fresca o tomillo o una pizca de seca

Sal y pimienta negra recién molida

1/2 taza de ricotta entera o parcialmente descremada

1 taza de Parmigiano-Reggiano recién rallado

1 yema de huevo

1 libra <u>Pasta fresca con huevo</u>, estirado y cortado en tiras de 4 pulgadas

1/2 taza Salsa de Mantequilla y Salvia

1. En una sartén grande, derrita la mantequilla con el aceite a fuego medio. Agrega los champiñones, la mejorana y sal y pimienta al gusto. Cocine, revolviendo ocasionalmente, hasta que los champiñones estén tiernos y los jugos se hayan evaporado. Dejar enfriar.

2. Pasar los champiñones a un robot de cocina y picarlos finamente. Agregue la ricotta y 1/2 taza de Parmigiano y pruebe para condimentar. Agrega la yema de huevo.

3. Prepara la pasta. Prepara y cocina los ravioles como se describe en la receta de Ravioles de queso, pasos 2 a 6.

4. Mientras tanto, prepara la salsa. Vierta la mitad de la salsa en un tazón para servir tibio. Agrega los ravioles cocidos. Vierta la salsa restante y espolvoree con la 1/2 taza restante de Parmigiano-Reggiano. Servir inmediatamente.

# Ravioles Gigantes con Mantequilla de Trufa

## Ravioloni al Tuorlo d'Uovo

**Rinde 4 porciones**

*Uno de estos ravioles extragrandes y extra ricos es suficiente para servir como primer plato. La tuve por primera vez hace estos años en el restaurante San Domenico en Imola, fundado por el gran chef Nino Bergese, conocido por su enfoque creativo de la cocina italiana clásica.*

*Esta es una receta de lo más inusual. La pasta de huevo fresca se rellena con un anillo de ricotta enrollado alrededor de una yema de huevo. Cuando se corta el raviolo, la yema ligeramente cocida rezuma y se mezcla con la salsa de mantequilla. En San Domenico, los ravioloni se cubrieron con trufas blancas frescas finamente afeitadas. El calor de la pasta y la salsa resaltaba su sabor y aroma. El efecto fue extraordinario y siempre lo recordaré como una de las cosas más deliciosas que he comido.*

*Aunque puedan parecer un poco complicados, estos ravioles son realmente bastante simples de hacer y muy impresionantes de servir. Para obtener mejores resultados, ensamble los ravioles justo antes de cocinarlos. Puede sustituir la trufa por hojuelas recién afeitadas de Parmigiano-Reggiano. La mayoría de los aceites de trufa tienen un sabor artificial, así que los evito.*

1 libra Pasta fresca con huevo, estirado y cortado en cuatro tiras de 8 × 4 pulgadas

1 taza de ricotta entera o semidescremada

2 cucharadas de Parmigiano-Reggiano recién rallado

Pizca de nuez moscada molida

Sal y pimienta negra recién molida

4 huevos grandes

1/2 taza de mantequilla sin sal, derretida

Trufa blanca o negra fresca o un trozo grande de Parmigiano-Reggiano

1. Prepara la pasta. Luego, mezcle la ricota y el queso rallado, la nuez moscada y sal y pimienta al gusto. Raspe el relleno en una manga pastelera equipada con una punta de 1/2 pulgada o una bolsa de plástico resistente, cortando una esquina para crear una abertura de 1/2 pulgada.

2. Manteniendo la pasta restante cubierta, coloque una tira sobre una encimera. Dobla la tira por la mitad en forma transversal,

luego desdobla para doblar el centro. Dejando un borde de 1/2 pulgada alrededor, coloque un círculo de la mezcla de queso en la pasta a un lado del pliegue. Separe un huevo, dejando la clara a un lado para otro uso. Deje caer con cuidado la yema en el centro del círculo. Cepille ligeramente el queso con agua fría. Doble la otra mitad de la pasta sobre el relleno. Con un tenedor, presione los bordes de la pasta para sellar. Repita con el resto de la pasta y el relleno.

3. Ponga a hervir al menos 2 litros de agua. Baja el fuego hasta que el agua esté hirviendo. Agrega sal al gusto. Coloque con cuidado los ravioles en el agua y cocine hasta que la pasta esté tierna, aproximadamente 3 minutos.

4. Vierta un poco de mantequilla en cada uno de los 4 platos calientes para servir. Retire los ravioles uno a la vez con una espumadera. Coloque un raviolo en cada plato y vierta la mantequilla restante. Con un pelador de verduras de hoja giratoria, afeite rodajas finas de trufa, si se usa, o copos de Parmigiano por encima. Servir inmediatamente.

# Ravioles de remolacha con semillas de amapola

## Casunziei di Barbabietole Rosse

**Rinde 8 porciones**

*En el Véneto, es tradicional servir estos hermosos ravioles en Navidad. Me encanta la forma en que el relleno de remolacha roja se ve a través de la pasta como un rubor delicado. Estos ravioles son típicos de Cortina d'Ampezzo, una estación de esquí de fama mundial en la parte norte alpina de la región. Las semillas de amapola en la salsa reflejan la influencia de la cercana Austria. Las semillas de amapola pierden su frescura rápidamente a temperaturas ambiente cálidas, así que huelalas para asegurarse de que no se hayan rancio. Guarde las semillas de amapola en un recipiente herméticamente cerrado en el refrigerador o congelador.*

4 remolachas medianas, recortadas y restregadas

1/2 taza de ricotta entera o parcialmente descremada

1 taza de Parmigiano-Reggiano recién rallado

2 cucharadas de pan rallado seco

Sal y pimienta negra recién molida

1 libra <u>Pasta fresca con huevo</u>, estirado y cortado en tiras de 4 pulgadas

8 cucharadas (1 barra) de mantequilla sin sal

1 cucharada de semillas de amapola

**1.** Coloque las remolachas en una cacerola mediana con agua fría para cubrir. Deje hervir a fuego lento y cocine hasta que estén tiernos al pincharlos con un cuchillo, unos 30 minutos. Escurrir y dejar enfriar.

**2.** Pelar las remolachas y cortarlas en trozos. Colóquelos en un procesador de alimentos y píquelos finamente. Agrega la ricota, 1/2 taza de Parmigiano-Reggiano, el pan rallado y sal y pimienta al gusto. Procese solo hasta que esté mezclado pero aún un poco grueso.

**3.** Prepara la pasta. Prepara y cocina los ravioles como se describe en la receta de<u>Ravioles de queso</u>, Pasos 2 a 6.

**4.** Mientras tanto, derrita la mantequilla con las semillas de amapola y una pizca de sal. Vierta la mitad de la mantequilla en un tazón para servir tibio. Transfiera los ravioles al bol. Vierta la salsa restante sobre los ravioles y espolvoree con la 1/2 taza restante de Parmigiano-Reggiano. Servir inmediatamente.

# Aros de pasta rellenos de carne en salsa de crema

## Tortellini alla Panna

**Rinde 8 porciones**

*Según una leyenda romántica, estos bolsillos de pasta en forma de anillo fueron inventados por un cocinero que espió a la diosa Venus en su baño. Inspirado por su belleza, creó una pasta con la forma de su ombligo. Otras versiones de la historia dicen que la belleza era Caterina di Medici. Cualquiera que sea la inspiración detrás de ellos, estos se sirven maravillosos nadando en un rico caldo de carne o pollo o en una simple salsa de crema o mantequilla. Cualquier cosa más que eso sería una exageración.*

4 cucharadas de mantequilla sin sal

4 onzas de lomo de cerdo deshuesado, cortado en cubos de 1 pulgada

4 onzas de prosciutto italiano importado

4 onzas de mortadela

1 1/2 tazas de Parmigiano-Reggiano recién rallado

1 huevo grande

1/4 de cucharadita de nuez moscada recién molida

1 libra <u>Pasta fresca con huevo</u>, estirado y cortado en tiras de 4 pulgadas

1 1/2 tazas de crema batida o espesa

Sal

1. Derrita 2 cucharadas de mantequilla en una sartén pequeña a fuego medio. Agregue el cerdo y cocine, revolviendo ocasionalmente, hasta que esté bien cocido, aproximadamente 20 minutos. Dejar enfriar.

2. En un procesador de alimentos o picadora de carne, muele el cerdo, el prosciutto y la mortadela hasta que estén muy finos. Transfiera las carnes a un bol. Agregue 1 taza de Parmigiano-Reggiano, huevo y nuez moscada.

3. Forre 2 o 3 bandejas para hornear grandes con toallas que no suelten pelusa. Espolvorea las toallas con harina.

4. Prepara la pasta. Trabajando con una pieza a la vez, mantenga el resto cubierto.

5. Corta la pasta en cuadrados de 2 pulgadas. Coloque aproximadamente 1/2 cucharadita del relleno en cada cuadrado. Dobla la masa sobre el relleno para formar un triángulo. Presione los bordes juntos firmemente para sellar. Trabajar rápido para que la masa no se seque.

**6.** Junta los dos puntos opuestos del triángulo para formar un círculo. Apriete los extremos para sellar. Coloca el tortellino formado en una bandeja de horno mientras preparas el resto de la masa y el relleno de la misma forma.

**7.** Refrigere los tortellini hasta varias horas o toda la noche, volteando los trozos de vez en cuando. (Para un almacenamiento más prolongado, congélelos en la bandeja para hornear durante 1 hora o hasta que estén firmes, luego transfiéralos a bolsas de plástico resistentes y guárdelos en el congelador hasta por un mes. No descongele antes de cocinar).

**8.** Para hacer la salsa, derrita las 2 cucharadas restantes de mantequilla con la crema y una pizca de sal en una sartén lo suficientemente grande para contener toda la pasta. Deje hervir a fuego lento y cocine 1 minuto o hasta que espese un poco.

**9.** Hierva al menos 4 litros de agua en una olla grande. Agrega los tortellini y la sal al gusto. Revuelva de vez en cuando hasta que el agua vuelva a hervir. Reduce el fuego para que el agua hierva suavemente. Cocine durante 3 minutos o hasta que esté ligeramente cocido. Escurrir bien.

**10.** Vierta los tortellini en la sartén con la crema y revuelva suavemente. Agregue la 1/2 taza restante de Parmigiano-Reggiano y revuelva nuevamente. Servir inmediatamente.

# Tortelli de Patata con Ragú de Salchicha

## Tortelli di Patate al Ragù di Salsiccia

**Rinde de 6 a 8 porciones**

*El puré de papas aromatizado con Parmigiano-Reggiano llena los anillos de pasta fresca en el sur de Emilia-Romagna y el norte de la Toscana. En lugar de cuadrados, como en el*<u>Aros de pasta rellenos de carne en salsa de crema</u>*receta, estos comienzan como círculos de masa y luego se forman en anillos. Sírvelos con un rico*<u>Ragú de salchicha</u>*, o simplemente disfrútalos con* <u>Salsa de Mantequilla y Salvia</u>*.*

4 1/2 tazas<u>Ragú de salchicha</u>

3 papas a medio hervir

2 cucharadas de mantequilla sin sal, a temperatura ambiente

1 taza de Parmigiano-Reggiano recién rallado

1/8 de cucharadita de nuez moscada recién rallada

Sal y pimienta negra recién molida

1 libra <u>Pasta fresca con huevo</u>, estirado y cortado en tiras de 4 pulgadas

1. Prepara el ragù. Luego, coloca las papas enteras en una olla con agua fría para cubrir. Deje hervir a fuego lento y cocine hasta que las patatas estén tiernas al pincharlas con un cuchillo, unos 20 minutos. Escurrir y dejar enfriar.

2. Pele las papas y tritúrelas con un molinillo de alimentos o de ricino hasta que quede suave. Agregue la mantequilla, 1/2 taza de queso, la nuez moscada y sal y pimienta al gusto.

3. Espolvoree dos bandejas para hornear con harina.

4. Prepara la pasta. Con un cortador de galletas o bizcocho redondo de 2 pulgadas, o un vaso pequeño, corte la masa en círculos. Coloque una cucharadita del relleno en un lado de cada círculo. Sumerja la yema del dedo en agua fría y humedezca el círculo de masa hasta la mitad. Dobla la masa sobre el relleno para formar un semicírculo. Presione los bordes firmemente para sellar. Reúna las dos esquinas de la masa y júntelas. Coloque los tortelli en la bandeja para hornear preparada. Repetir con la masa restante y el relleno.

5. Cubra y refrigere, volteando las piezas de vez en cuando, hasta 3 horas. (Para un almacenamiento más prolongado, congele la pasta en las bandejas para hornear. Transfiera a bolsas de

plástico resistentes. Selle herméticamente y congele hasta un mes. No descongele antes de cocinar).

6. Cuando esté listo para cocinar los tortelli, hierva al menos 4 litros de agua. Lleve la salsa a fuego lento. Agrega la pasta al agua hirviendo con sal al gusto. Revuelva bien. Cocine a fuego medio, revolviendo con frecuencia, hasta que la pasta esté tierna pero aún firme al bocado.

7. Vierta un poco de salsa en un tazón para servir caliente. Escurre bien la pasta y agrégala al bol. Cubra con la salsa restante y 1/2 taza de queso. Servir inmediatamente.

# Ñoquis de papa

## Gnocchi di Patate con Ragù o al Sugo

**Rinde 6 porciones**

*Las trattorias romanas suelen tener platos especiales del día. Los jueves suelen ser su día para servir ñoquis de patata, aunque los ñoquis también se preparan para el gran almuerzo dominical en la casa de mamá cuando toda la familia se reúne.*

*Lo importante a recordar al hacer ñoquis de papa es manipularlos con cuidado y nunca trabajar demasiado las papas colocándolas en un procesador de alimentos o batidora. El contenido de humedad de las patatas determinará la cantidad de harina que necesitas.*

*Si tiene alguna duda sobre si ha agregado suficiente harina a la masa, pruebe este truco que me sugirió un hábil chef. Haz un gnòcco de prueba. Pellizque un pequeño trozo de masa y cocínelo en una cacerola pequeña con agua hirviendo hasta que flote hacia la superficie, luego cocínelo 30 segundos más. Sácalo del agua y pruébalo. La bola de masa debe mantener su forma sin quedar blanda o dura. Si está demasiado suave, amasar con más harina. Si está duro, probablemente ya tenga demasiada harina. Empiece de nuevo o intente cocinar los ñoquis un poco más.*

4 tazas Ragú napolitano o salsa de tomates frescos

1 1/2 libras de papas para hornear

Aproximadamente 2 tazas de harina para todo uso

1 yema de huevo grande, batida

Sal

1. Prepara el ragú o salsa. Luego, coloque las papas en una olla grande con agua fría para cubrir. Cubra la olla y deje hervir a fuego lento. Cocine hasta que las patatas estén tiernas al pincharlas con un cuchillo, unos 20 minutos. Espolvoree dos bandejas para hornear grandes con harina.

2. Mientras las patatas aún estén calientes, pélalas y córtalas en trozos. Triturar las papas, usando los agujeros más pequeños de un molinillo o molinillo de alimentos, o a mano con un machacador de papas. Agrega la yema de huevo y 2 cucharaditas de sal. Agregue una taza de harina hasta que se mezcle. La masa quedará rígida.

3. Raspa las patatas sobre una superficie enharinada. Amasar brevemente, agregando solo suficiente harina para que los ñoquis mantengan su forma cuando estén cocidos, pero no tanto

que se vuelvan pesados. La masa debe quedar ligeramente pegajosa.

**4.** Deja la masa a un lado. Raspe la tabla para eliminar los restos de masa. Lávese y séquese las manos, luego espolvoree con harina. Coloque uno o dos moldes para hornear grandes y espolvoree con harina.

**5.** Corta la masa en 8 trozos. Manteniendo la masa restante cubierta, enrolle una pieza en una cuerda larga de aproximadamente 3/4 de pulgada de grosor. Corta la cuerda en pepitas de 1/2 pulgada de largo.

**6.** Para dar forma a la masa, sostenga un tenedor en una mano con las púas apuntando hacia abajo. Con el pulgar de la otra mano, enrolle cada trozo de masa sobre la parte posterior de las púas, presionando ligeramente para hacer surcos en un lado y una hendidura con el dedo en el otro. Deje caer los ñoquis sobre los moldes preparados. Las piezas no deben tocarse. Repite con la masa restante.

**7.** Refrigera los ñoquis hasta que estén listos para cocinar. (Los ñoquis también se pueden congelar. Coloque las bandejas para hornear en el congelador durante una hora o hasta que estén firmes. Coloque los ñoquis en una bolsa grande de plástico resistente. Congele hasta un mes. No descongele antes de cocinar).

8. Tenga listo un tazón para servir poco profundo calentado. Vierta una fina capa de salsa picante en el bol.

9. Para cocinar los ñoquis, hierva una olla grande de agua. Agrega 2 cucharadas de sal. Baja el fuego para que el agua hierva suavemente. Deje caer los ñoquis en el agua unos trozos a la vez. Cocine durante 30 segundos después de que los ñoquis suban a la superficie. Retire los ñoquis de la olla con una espumadera, escurriendo bien los trozos. Transfiera al tazón para servir. Repite con los ñoquis restantes.

10. Mezcle los ñoquis con la salsa. Vierta la salsa restante; espolvorear con queso. Servir caliente.

www.ingramcontent.com/pod-product-compliance
Lightning Source LLC
Chambersburg PA
CBHW071818080526
44589CB00012B/841